高校汉语国际教育探索

何 建 著

吉林人民出版社

图书在版编目(CIP)数据

高校汉语国际教育探索 / 何建著. -- 长春：吉林人民出版社, 2021.6
ISBN 978-7-206-18137-5

Ⅰ.①高… Ⅱ.①何… Ⅲ.①汉语－对外汉语教学－教学研究－高等学校 Ⅳ.① H195.3

中国版本图书馆 CIP 数据核字 (2021) 第 108196 号

高校汉语国际教育探索
GAOXIAO HANYU GUOJI JIAOYU TANSUO

著　　者：何　建
责任编辑：赵梁爽　　　　　　　　封面设计：袁丽静
吉林人民出版社出版 发行（长春市人民大街7548号）　邮政编码：130022
印　　刷：三河市华晨印务有限公司
开　　本：710mm × 1000mm　　1/16
印　　张：11.5　　　　　　　　　字　　数：200 千字
标准书号：ISBN 978-7-206-18137-5
版　　次：2021 年 6 月第 1 版　　印　　次：2021 年 6 月第 1 次印刷
定　　价：59.00 元

如发现印装质量问题，影响阅读，请与印刷厂联系调换。

前　言

党的十九大报告指出："经过长期努力，中国特色社会主义进入了新时代，这是我国发展新的历史方位。""中国特色社会主义进入新时代，意味着近代以来久经磨难的中华民族迎来了从站起来、富起来到强起来的伟大飞跃，迎来了实现中华民族伟大复兴的光明前景。"随着中国与世界的关系发生历史性变化，中国从游离于现有国际体系之外的国家逐渐步入国际舞台的中心地带。汉语国际教育作为世界认识中国的重要平台，成为全球人民心灵沟通的纽带和桥梁。在时代语境下关注汉语国际教育，对我国树立良好的国家形象，增强国际话语权具有重要的现实意义。"汉语热"在世界各地的形成与升温，给国内对外汉语专业的本科生和研究生培养似乎带来了一个光明的前景。然而，要想彻底改变国际上合格汉语教师短缺现象，为国内培养更多的优秀人才，就需要制定出能适应和满足国外汉语教学需要的培养方案。

作为汉语和中国文化的主要输出国，我们有责任和义务为国外输送能够适应当地文化的、了解当地教育体制和教育理念的合格的汉语教师。但是，究竟怎样才称得上是合格的汉语教师？国外到底需要什么样的汉语教师？这是我们需要认真思考的问题。同国内对外汉语教师的就业状况相似，国外高等院校对汉语教师的需求基本上已经饱和。即便需要汉语教师，大多院校也只会录用研究型的、在国外获得博士学位的中文系毕业生，而大量需要汉语教师的地方还是开设或有意开设汉语的中小学。这就需要我们对国外中小学教育体制、教学理念和教学大纲等各方面的情况具备充分的了解，这样才能有针对性地培养出合格的汉语教师。

汉语国际教育是汉语推广蓬勃发展的时代产物。本书针对高校汉语国际教育实践的现实问题，探索了汉语国际教育的概念与内涵，对汉语国际教育的特征、历史源流、发展趋势、改进思路等问题进行了系统的梳理。

目 录

第一章　汉语国际教育综述 ······································· 1
　　第一节　汉语国际教育的内涵、特征与类型 ················· 1
　　第二节　汉语国际教育的总体背景 ····························· 20
　　第三节　汉语国际教育市场分析 ································ 36

第二章　高校汉语国际教育的综合效应 ······················· 41
　　第一节　高校汉语国际教育 SWOT 分析 ····················· 41
　　第二节　高校汉语国际教育的全局效益 ······················· 51

第三章　高校汉语国际教育的师资养成 ······················· 62
　　第一节　高校汉语国际教育师资观念与意识的培养 ········ 62
　　第二节　高校汉语国际教育师资培养中的教师培养 ········ 74
　　第三节　高校汉语国际教育师资教学评估能力的培养 ····· 92
　　第四节　高校汉语国际教育师资培养过程中的文化培养 ·· 97

第四章　高校汉语理论的深入 ···································· 103
　　第一节　汉语要素分析 ·· 103
　　第二节　汉语的与时俱进 ··· 109
　　第三节　汉语作为第二语言教学的特点 ······················· 111
　　第四节　汉语作为第二语言教学的理念与原则 ·············· 116

第五章　高校留学生汉语语言学习与文化理解 122

第一节　语言与文化的关系 122
第二节　语言学习与文化理解相辅相成 125
第三节　来华留学生实习的组织与运作 128

第六章　高校汉语国际教育课堂教学 135

第一节　听力教学 135
第二节　口语教学 145
第三节　阅读教学 151
第四节　写作教学 160

第七章　高校汉语国际教育发展 166

第一节　高校汉语国际教育的发展趋势 166
第二节　高校汉语国际教育的发展策略 169
第三节　高校汉语国际教育实例——孔子学院文化活动策划 172

参考文献 175

第一章 汉语国际教育综述

汉语国际教育（Teaching Chinese to Speakers of Other Languages）的明确提法最早见于《汉语国际教育硕士专业学位设置方案》。2007年3月，国务院学位委员会办公室批准试办汉语国际教育硕士专业学位教育。2008年，汉语国际教育被列入一级学科"中国语言文学"之下的二级学科。作为一个名词性短语，"汉语国际教育"一度成为高等教育尤其是语言教学领域的高频词。但作为一个学科概念，汉语国际教育的内涵究竟是什么？具备哪些特征？怎样分类？学界对此尚未形成统一意见，直接导致学者们在各自所认为的汉语国际教育概念下开展工作，研究和实践变得非常宽泛、繁杂。汉语国际教育的"模糊边界"理应得以明确，其相应的概念及概念体系理应得到统一，这是开展汉语国际教育理论探究和实践探索的基础。

第一节 汉语国际教育的内涵、特征与类型

一、汉语国际教育的内涵

（一）汉语国际教育概念的提出及其相关概念

汉语国际教育是近年来广泛见诸高等教育领域的一个新兴概念。单从名词术语来看，汉语国际教育有据可考的第一次提出可追溯到2007年3月30日国务院学位委员会第二十三次会议审议通过的《汉语国际教育硕士专业学位设置方案》。该方案提出："为提高我国汉语国际推广能力，加快汉语走向世界，改革和完善对外汉语教学专门人才培养体系，培养适应汉语国际推广新形势需要的国内外从事汉语作为第二语言/外语教学和传播中国文化的专门人才，决定在我国设置汉语国际教育硕士专业学位。"与此同时，该方案对汉语国际教育做出阐释："汉语国际教育，是指面向海外母语非汉语者的汉语教学。""汉语

国际教育"这一名称的确立,既能体现"加快汉语走向世界"的内涵,又有别于国内双语教学中的汉语教育,还可避免"推广"一词可能引发的负面影响。

汉语国际教育既是一种新的名称表述,也是一个新兴而复杂的研究领域。对汉语国际教育这一概念的理解,需要从其源头上加以探究,厘清与之相关的各概念。

1. 对外汉语教学

对外汉语教学（Teaching Chinese to Foreigners）这一概念最早见于1982年,当前仍被广泛使用。按《中国大百科全书：语言文字》的解释,对外汉语教学是指对外国人的汉语教学；对外汉语教学也包括了对母语非汉语的海外华裔进行的汉语教学。对外汉语教学这一表述更多地着眼于中国国内的教学对象,在国外的适用性不强。例如,这一活动在中国范围内,对非中国国籍的人来进行,我们就可以说是对外汉语教学；但如果这一活动放到国外进行,如在美国教美国人学习汉语,这个时候采用对外汉语教学的表述就容易产生歧义,且其准确性值得商榷。当然,对外汉语教学这一概念的提出有其特定的历史原因。20世纪80年代,学界在使用"对外汉语教学"时考虑的学习对象主要是到中国学习的外国人,即在中国范围内由中国人教授外国人学习汉语。

2. 汉语教学

如上所述,对外汉语教学难以为国外的汉语教学活动所使用,因此,这一活动在不同国家有不同的名称表述,如在美国被称为"中文教学",在日本被称为"中国语教学"。"汉语教学"（Chinese Teaching）可以跟国内对母语为汉语者的"中文教学"（对本民族中小学的汉语书面能力和汉语知识的教学,学习者可以用口头汉语交际）区别开。这个名称与国际组织"世界汉语教学学会"及其会刊《世界汉语教学》,以及连续9届的"国际汉语教学研讨会"名称相符,目前在一些国际场合使用较多。但是,"汉语教学"这一表述容易与中国国内的母语教学相混淆,因此,常常需要在前面加上"世界""国际"等词加以限制,使用起来受限较多。

3. 华语（华文）教学

华语（华文）教学（Chinese Teaching）,我国台湾地区称为"华语文教学",主要指对海外华裔子弟（包括有或者没有居住国国籍者）的汉语教学。学习者虽然在国外学习汉语,没有中国国内的汉语环境,但是他们的家人或周边环境中有些人使用汉语,尽管可能不是普通话,因此,他们的学习环境既不是典型的目标语（汉语）环境,也不是典型的非目标语环境。由于血缘关系,学习者跟中国有着千丝万缕的联系,他们的学习内容既有汉语,又有大量中国文化传统知识；对非华裔的汉语教学，则没有这么多中国文化知识。这个名称的局限性在于难以将非华裔的汉语教学包含进去。有一些学习者从广义上理解这个名称，认为"华语"源自"中华"，使用历史相当久远，因此，可以用"华语教学"指称海外的汉语教学。

4. 汉语作为第二语言的教学

汉语作为第二语言的教学（Teaching Chinese as a Second Language），简单理解就是将汉语作为第二语言来进行教学。这一名称在对外汉语的学理研究中使用极为广泛，因其使用地点、场合的普适性，所以无论在国内还是在国外都可以使用。这一表述的不足之处主要在于：第一，名称表述过长，不太符合汉语语法表达习惯，以致使用起来不太方便；第二，意思上包含了对国内少数民族的汉语教学。

5. 对外汉语

一些学者认为，外国人说的汉语有自己的系统，与我们中国人母语说的汉语不同。在外国人眼里，对外汉语（Chinese as a Second Language）可以算是一种与中国人所说的汉语相异的独特汉语，如英语作为"对外英语"等。英语作为二语教学也常常被称为"English as a Second Language"。美国一些大学有"Department of English as a Second Language"，但其中并没有"教学"的字样。北京语言大学的"对外汉语研究中心"是我国该专业唯一的教育部人文社会科学重点研究基地，也有一些大学的专业学院用这个名称命名，但有学者认为这个名称显示不出"教学"的特点。

6. 对外汉语教育学

一些国家把本国语言的二语教学称为"教育"。例如，在日本，"国语教育"是面向国内母语者的，"日本语教育"是面向国外非母语者的。对外汉语教育学不但强调"教育"的丰富内涵，而且有一个"学"字，突出学科研究的任务。但有学者认为，语言教学很难承担对德、智、体、美等综合素质的培养，尤其是面向境外的非母语者。

7. 汉语作为外语的教学

"汉语作为外语的教学"（Teaching Chinese as a Foreign Language）这一名称的使用主要基于两个原因：第一，汉语对学习者来说基本上都是外语，可以将国内少数民族的汉语教学排除出去；第二，不少学者认为，"汉语作为第二语言教学"的名称不够准确。在目标语（所学语言）环境里学习的语言才叫"第二语言"，如在中国汉语环境里学习的汉语；在非目标语环境里学习的语言叫"外语"，如在外国非汉语环境里学习的汉语。目前，在非目标语环境里学习汉语者占绝大多数。因此，"汉语作为外语的教学"这一提法的不足之处在于未能涵盖在中国国内目标语言环境中的汉语教学。

8. 对非母语者的汉语教学

对非母语者的汉语教学（Teaching Chinese to Speakers of Other Languages）可以涵盖"汉语作为第二语言的教学"和"汉语作为外语的教学"。国务院学位委员会有过类似的表述，其不足之处是可能会将中国国内少数民族的汉语学习包含在内。

9. 国际汉语

前面提到，目前有"对外汉语教学"的名称，也有"对外汉语"的名称。后者并没有否定"教学"，只是更强调汉语作为第二语言的特殊性质。"国际汉语"（Teaching Chinese to Speakers of Other Languages）的名称也并没有否定"教育"，它不但强调海外作为非母语使用的汉语的特殊性，而且强调在国际交往中汉语使用的特殊性。中国国家汉语国际推广领导小组办公室（以下简称国家汉办）在2007—2008年组织研制并发布的三个有关汉语国际教育的标准化文件都是以"国际汉语"开头的，即《国际汉语教师标准》《国际汉语能力标准》和《国际汉语教学通用课程大纲》。

如上这些概念在内容上、实质内涵上与汉语国际教育有着千丝万缕的联系，但这几者并不完全等同。上述每一个概念的提出都有其特定的历史背景，且在既定的历史背景下具有合理性和科学性。然而，随着外部环境的变化，以及教学活动的演进和内容更迭，这些名称也表现出一定的不适应性。以"对外汉语教学"这一表述为例，借用北京语言大学崔希亮教授的理解，"对外汉语教学"刚出现的时候指的是"对外国人进行的汉语教学"，不管是在国内还是在国外，只要是汉语作为第二语言教学，都可以称为"对外汉语教学"，因此，也有人建议把这门学科更名为"汉语作为第二语言的教学"或者"汉语作为外语的教学"。今天，我们用"对外汉语教学"来指称对来华留学生进行汉语教学，这样就把这个名称狭义化了。不仅如此，现实中的对外汉语教学在招生对象上既有国外学生，又有国内学生，显然与对外汉语教学是"对外国人的汉语教学"的本意有较大出入。

部分学者用"对外汉语教学"来指称"在国内对来华留学生进行的汉语教学"，用"汉语国际教育"指称"在海外把汉语作为外语的教学"。这种区分虽然在理论上、实践上及意义上高度接近现实，但若对汉语国际教育的内涵和内容进行进一步界定和认识，就会发现其仍有改进和延伸理解的余地。我们认为，对汉语国际教育的深层理解，还应该从其内涵上进行进一步探析。

（二）基于现有释义的汉语国际教育基本内涵分析

在通常意义上，"教育"一词被定义为一种培养人的活动，而汉语国际教育冠以"教育"之名（作为一种教育，或者说一类教育活动的总称），其也可以被认定为一种以汉语（文）教学为核心的培养人的活动。如此一来，对汉语国际教育内涵的理解，也就可以依照教育问题探讨的一般范式展开，系统考虑其基本概念、施教主体、受教对象、教学材料等内部各要素。

《汉语国际教育硕士专业学位设置方案》明确提出"汉语国际教育是指面向海外母语非汉语者的汉语教学"。从这一阐释对汉语国际教育内涵的理解，其中心节点在于把握"海外"这一概念。"海外"一词最早见于《吕氏春秋通诠·审分览·审分》，本义为"四海之外，泛指边远之地"。演进及今，"海外"一词大多与"国外"作同义理解，并相互通用，具有对象指向的国家主体性和地域指代的相对性。例如，以"中国"为主体，"中国区域之外"就是"海外"。

"汉语国际教育是国家软实力建设的一个有机组成部分"，其从国家汉语推广战略演进而来，虽然汉语国际教育的目的在于汉语传播和中国文化在世界范围内的相互交流，但作为一项国家事业，这一活动本身具有明显的主、客体之分。将前述"海外"一词还原到本研究所探讨的汉语国际教育主题中，因为这一动作是由中国（国家汉办/孔子学院、具备汉语国际教育资格的机构及高等学校）来发出，故其施教主体即"中国"，所以在这里，"海外"指的是"非中国区域"。依此类推，汉语国际教育定义中的"面向海外"就等同于"面向世界范围内的非中国区域"。进一步来看，汉语国际教育中的"海外"一词是用来修饰"母语非汉语者"的，其展开的全部含义为"海外的母语非汉语者"，即它是"面向非中国区域的母语非汉语者（有别于国内的双语教学）"，而不包括"中国区域内的母语非汉语者"。

基于上文对汉语国际教育现有释义的展开理解，围绕"动作发出主体（施教主体）、动作发生地、动作指向对象（受教主体）、教学材料"四个维度，可对汉语国际教育的现有释义作相应理解（见图1-1）。

图 1-1　汉语国际教育内涵展开的四个基本维度示意图

第一个维度，汉语国际教育的动作发出主体（教育者）是谁？因为汉语国际教育是面向海外母语非汉语者进行的，因此，这一动作的发出主体是汉语教学资源的持有者，是汉语国际教育活动的组织者、设计者、实施者。往大处讲，汉语国际教育是一项国家事业，其组织者、设计者是"国家（中国）"；往小处讲，汉语国际教育是一种汉语（文）的教学，其组织者、设计者、实施者是课堂上的汉语教师（汉语掌握者）。而本研究以探讨高等教育领域内的汉语国际教育为主，故其汉语国际教育的设计者、组织者、实施者更多地应从教育组织实体方面来加以理解，如高等学校、孔子学院（孔子课堂）及其他正规的汉语教学组织等。

第二个维度，汉语国际教育的动作发生地在哪儿？汉语国际教育强调的是对海外的母语非汉语者进行，并未对动作发生地作特别规定，故汉语国际教育的动作发生地既可以是中国，也可以是非中国的地域。只要是面向海外母语非汉语者进行的汉语教学，无论动作发生地是否在中国，其都属于汉语国际教育的范畴。从这个意义上看，无论是把外国人请进来学习汉语，还是主动走出去教外国人学习汉语，都属于汉语国际教育。

第三个维度，汉语国际教育的动作对象指向是谁？汉语国际教育针对海外母语非汉语者进行，顾名思义，其动作对象指向是非中国国籍的母语非汉语的人群。结合现实来看，国务院学位委员会关于《汉语国际教育硕士专业学位设置方案》中做出"海外母语非汉语者"的释义，其主要是为了同国内对少数民族所进行的双语教学区分开来。

第四个维度，汉语国际教育这一活动的教学材料是什么？汉语国际教育强调"汉语教学"，教学材料无疑就是"汉语"。语言文字作为文化的载体，是实现文化教育和文化传递的手段。从更深层次来看，汉语国际教育的教学材料不仅仅指汉语本身，还包括丰富的中国文化、中华文明。

综合以上四个维度的分析及理解,我们可将汉语国际教育理解为一种特殊的教学活动,其以汉语教学组织实施者为施教主体,以海外母语非汉语者为施教对象,以汉语(文)为基本内容。

(三)汉语国际教育内涵理解的其他问题

在对汉语国际教育基本内涵分析的基础上,从汉语国际教育与对外汉语专业教育的关系比较、汉语国际教育与来华留学生教育的关系比较等三个方面,我们继续针对汉语国际教育内涵理解的一些其他问题展开讨论,以进一步深化对汉语国际教育的理解。

1.汉语国际教育与汉语国际教育硕士专业学位教育的相关性分析

对汉语国际教育硕士专业学位教育与汉语国际教育两者相关性的认识,有助于我们深化对汉语国际教育内涵的理解,更为理性地对待汉语国际教育。硕士专业学位教育实践《汉语国际教育硕士专业学位设置方案》明确提出:汉语国际教育硕士专业学位教育以培养"适应汉语国际推广工作、胜任多种汉语教学任务的高层次、应用型、复合型专业教学人才"为目标。学位获得者应具有熟练的以汉语作为第二语言教学的技能和良好的跨文化交际能力。在招生对象及入学考试上,汉语国际教育硕士专业学位教育的招生对象一般为学士学位获得者,具体包括以下三种类型:大学本科应届毕业生;具有学士学位或同等学力有志于从事汉语国际推广工作的人员;海外具有同等资质的汉语教师或专业人员。在入学考试上,汉语国际教育硕士专业学位教育入学考试采用全国统考或联考、笔试与面试相结合的方式,着重考核学生的综合素质、专业能力和专业基础知识等。

在培养方式上,汉语国际教育硕士专业学位教育采取指导教师负责制或导师指导与集体培养相结合的方式。课程学习与对外汉语教学实践紧密结合,学生在导师的指导下参加国内或国外的汉语教学或辅助教学工作,以加强对其教学实践能力的培养。在组织与实施上,汉语国际教育硕士专业学位由国务院学位委员会办公室、教育部学位管理与研究生教育司会同国家汉语国际推广领导小组办公室统筹各方面的力量,根据国务院办公厅转发的《关于加强汉语国际推广工作的若干实施意见》提出的汉语国际推广总体目标、发展规划及海内外市场需求,制定汉语国际教育硕士专业学位培养计划,做好汉语国际教育硕士专业学位的组织、宣传、招生等工作;在汉语国际教育硕士培养、教学实习、就业等方面提供政策支持,并按教育部颁布的《汉语作为外语教学能力认定办法》(教育部令第19号)为毕业生颁发"汉语作为外语教学能力证书(高级)"进行落实。此外,为保障汉语国际教育硕士专业学位教育质量,还成立全国汉语国际教育硕士专业学位教育指导委员会，负责制定《汉语国际教育硕士专业学位指导性培养方案》和教学大纲，编写或推荐教材和参考用书，加强对招生、培养、学位授予和质量评估等各环节的指导、管理与监督。

针对前述的汉语国际教育内涵理解而言，汉语国际教育硕士专业学位教育不能算是完全意义上的汉语国际教育，因为虽然其动作发出主体、动作发生地符合汉语国际教育的质性规定，但其动作对象指向显然与汉语国际教育不完全相符。汉语国际教育硕士专业学位教育的动作指向对象，其实质就是招生对象。汉语国际教育硕士专业学位教育的招生对象一般为学士学位获得者，具体包括三类：大学本科应届毕业生；具有学士学位或同等学力有志于从事汉语国际推广工作的人员；海外具有同等资质的汉语教师或专业人员。分析这三类人员，从当前国内汉语国际教育硕士专业学位教育的实际情形来看，其受教育的对象多为中国国籍的人群，且其母语亦为汉语。以此来看，当前所说的汉语国际教育硕士专业学位教育不属于完全意义上的汉语国际教育。当然，汉语国际教育硕士专业学位教育也招收一定数量的外国学生，按前述的汉语国际教育内涵理解，其理应被归类到汉语国际教育中。可见，汉语国际教育硕士专业学位教育的受教对象并不一定完全符合汉语国际教育的要求，只有当受教对象是那些以非汉语为母语（且非中国国籍）的人时，其才能称为汉语国际教育。故基于对前述的汉语国际教育内涵的理解，汉语国际教育硕士专业学位教育并不是真正意义上的汉语国际教育，而是汉语国际教育师资培养的一种手段。

2. 汉语国际教育与对外汉语专业教育的相关性分析

对外汉语专业教育与汉语国际教育两者的相关性分析，是汉语国际教育内涵深化理解的重要基础。

对外汉语教学，是指对外国人的汉语教学，它也包括了对母语非汉语的海外华裔进行的汉语教学。在现阶段，对外汉语教学在汉语国际推广体系中占有极为重要的地位。对外汉语教学的类型、层次是多元化的，而对外汉语专业教育具有鲜明的层次性、目标性、规范性和专门性特点，是汉语国际教育的重要组成部分。现将其做如下比较：

首先，从施教主体上看，汉语国际教育和对外汉语专业教育，其施教主体都是汉语教学的组织实施者。但具体来看，汉语国际教育通过多种不同载体，以汉语培训、汉语（文）学习和中国文化传播为主，对教学形式、教学层次的要求相对宽松；而对外汉语专业教育则长期在高等学校中存在，更多属于有组织的正规学校教育，在教学内容、教学层次、修业年限、修业水平等方面有相对严格的规定。其次，从施教对象上看，汉语国际教育的施教对象是海外母语非汉语者；而对外汉语专业教育的施教对象更多的是那些有志于面向外国人从事汉语教学的中国人（不排除其中有少数的非中国国籍的母语非汉语者）。最后，从名称确立的时间和背景上看，汉语国际教育这一名称最早见于2007年，是在我国语言文化推广战略实施的背景下提出的；而对外汉语的名称表述则在20世纪就已出现，是在改革开放后我国来华留学生教育事业不断恢复和发展的背景下提出的。对外汉语教学译为"Teaching Chinese to Foreigners"，在这个对外名称的表述中，"教学"对应英语的"Teaching"；而汉语国际教育则译作"Teaching Chinese to Speakers of Other languages"，在这个国务院学位委员会给定的对外名称中，"Teaching"对应的是"教育"一词，而非"教（教学）"，从"教（教学）"到"教育"，其内涵差异可见一斑。我们认为，这种对外名称表述的差异，一方面反映了汉语国际教育与对外汉语教学的差别；另一方面也折射出汉语国际教育与对外汉语教学两者间的联系。

基于上述分析，联系汉语国际教育"一种特殊的教学活动，其以汉语教学组织实施者为施教主体，以海外母语非汉语者为施教对象，以汉语（文）教学为教育内容的汉语教学活动"的内涵理解，我们不难发现，对外汉语专业教育和汉语国际教育的组织形式有所不同，前者被限定在高等学校内进行，组织形式单一，而后者则有多种不同的组织形式、多个不同的实施载体；在教学内容上，汉语国际教育以汉语（文）教学为主，而对外汉语专业教学除了学习汉语（文）知识以外，还要掌握汉语教学的教学技能和教学方法。因此，对外汉语专业教育和汉语国际教育两者既有联系，又有差别。

3. 汉语国际教育与来华留学生教育的相关性分析

来华留学生教育，简言之，即对来华的非中国国籍的留学生进行的教育，其有学历教育、非学历教育等不同的形式分类。在不同的形式下，其教学内容也不相同：对于非学历教育的学生而言，其教学内容更多地集中在汉语学习上；而对于学历教育的来华留学生教育而言，其教学内容更多的是一种专业学习，如管理科学与工程专业的学习、临床医学专业的学习等。

从施教主体、施教对象、学习内容等方面展开，可将汉语国际教育与来华留学生教育做如下对比：首先，从施教主体来看，汉语国际教育的施教主体为汉语教学的组织实施者，而来华留学生教育的施教主体则不一定是汉语教学的组织实施者，尤其是在学历教育层次的来华留学生教育中，除那些专门攻读中文等专业的学历教育生以外，其他来华留学生教育的施教主体更多的是某一相关知识领域的教学组织实施者；从施教对象来看，汉语国际教育和来华留学生教育的施教对象是相同的；从教学内容来看，学历教育中的中文或汉语言等专业教育的教学内容和汉语国际教育相同，而学历教育中的其他专业教育的教学内容则与汉语国际教育不尽相同。因此，从总体上看，来华留学生教育和汉语国际教育存在一定的差异，除来华留学生教育中的汉语教学部分外，其余的来华留学生教育与汉语国际教育是不同的。

（四）汉语国际教育内涵再认识

前述分析使我们明确了汉语国际教育的主体、对象等内容，但在这些内容之外，由于概念表述得简略，依旧存在制约我们理解汉语国际教育的模糊区域，容易造成人们在汉语国际教育理解上的偏差，进而影响对汉语国际教育内涵的认识。

1. 汉语国际教育概念的理解偏差

从国务院学位委员会的现有释义展开，如果将汉语国际教育理解为"针对非中国区域内的母语非汉语者进行的汉语教学活动"，就容易让人产生诸多模糊认识和困惑。例如，当前在中国境内已经取得中国国籍的母语非汉语者的汉语学习是否属于汉语国际教育？汉语国际教育是否必须以中国为动作发出主体？普通民众是否可以在这种实践活动中获得代表国家的资格（由中国人在国外大学开设的汉语课程、中国人对国外母语非汉语者进行一对一汉语教学、东南亚国家的华文教育是否应该归属汉语国际教育的问题）？汉语国际教育的内容、层次、形式如何界定？是专属于高等教育领域，还是囊括从简单的汉语识字到汉语语言研究的所有层次？这些认识都是在汉语国际教育实践中需要进一步明确的。汉语言断句习惯产生的歧义，也会给汉语国际教育的理解带来一定的偏差。国务院学位委员会《汉语国际教育硕士专业学位设置方案》对汉语国际教育的释义无疑是认识、理解汉语国际教育的重要学理依据。但在汉语语言习惯的影响下，人们习惯于从"面向海外"或"面向海外母语非汉语者"几个地方将句子断开。不同的断句其意义大相径庭，极易造成对汉语国际教育内涵的模糊认识和错误解读。例如，以"面向海外"为界，人们很容易错将汉语国际教育理解为"面向海外（动作发生地在中国）进行"，误以为只有在中国地域内进行的，针对"海外的母语非汉语者"的汉语教学才算是汉语国际教育。这样一来，作为当前我国汉语国际推广重要形式的孔子学院就被排除在汉语国际教育之外，明显背离了汉语国际教育这一国家事业的本质。事实上，孔子学院无疑是汉语国际教育的主要形式之一。早在国家提出汉语国际推广战略之初，孔子学院就作为一种"走出去"的重要的汉语国际推广方式而存在；在汉语国际教育这一名称正式确立之后，孔子学院更是在相当程度上充当了汉语国际教育的生力军。如果基于国务院学位委员会给定的汉语国际教育释义，并按照传统的汉语言断句习惯进行断句，这种歧义就是显而易见的。当然，这种因语言断句习惯所产生的理解偏差是因人而异的。之所以在本研究中将其明确提出来，是因为想要尽可能完备地呈现每一种汉语国际教育理解偏差的可能，以使本书所提的汉语国际教育理解言之有理且相对完备。

2. 汉语国际教育内涵再认识

在国务院学位委员会现有释义的基础上，通过对施教主体、施教对象、教学材料、动作地点的四维分析，并与现实中相关教学活动的相关性分析相结合，我们进一步展开对汉语国际教育内涵的再认识。

（1）基于活动主体的汉语国际教育再认识

首先，从汉语国际教育的动作发出主体来看，因为汉语国际教育是面向海外母语非汉语者进行的，这一动作的发出主体是"中国"，即只有"中国"这一特定的动作发出主体对"非中国区域内的母语非汉语者"进行的汉语教学活动才能称为汉语国际教育；其次，从汉语国际教育的动作发生地来看，汉语国际教育强调对"海外母语非汉语者"进行，故动作发生地既可以是中国，也可以是非中国地域，即只要是由中国这一主体发出的，面向海外母语非汉语者的汉语教学，无论动作发生地是否在中国，其都属于汉语国际教育。从汉语国际教育的动作对象来看，汉语国际教育针对海外母语非汉语者进行，顾名思义，其动作对象指向是非中国国籍的母语非汉语者；最后，从汉语国际教育的教学材料来看，汉语国际教育其实是汉语文国际教育。"汉语国际推广的目的是使国外学习者通过学汉语达到对中国文字、文化、文学、文章技法的把握。"所以，我们的汉语国际推广，即"汉语文"是汉语国际教育的基本教学材料。

（2）基于语言学的汉语国际教育再认识

从语言学的角度来看，中文语句的核心是"主谓"成分或者"主谓宾"成分，句中修饰性、限定性成分的省略无碍于人们对句子本义的理解。在"汉语国际教育是指面向海外母语非汉语者的汉语教学"这一释义中，主语是"汉语国际教育"，谓语为"是"，宾语是"汉语教学"，去掉其中的限定性表达即为"汉语国际教育是汉语教学"。"教育"与"教学"是两个非等同的概念。教育泛指一切培养人的活动，教学（狭义）专指课堂上教师的"教"和学生的"学"的活动。[①] 从这个意义上看，将汉语国际教育与汉语教学相对等的提法显失合理。我们的理解是汉语国际教育理应被看作一个专门的知识领域，走专

---

① 李世之. 对外汉语教育的本质与功能 [J]. 语言教学与研究，2001(06): 23-27.

业化发展道路是提高汉语国际教育水平的重要途径。它是多种汉语教学形式、多个汉语教学层次、多种汉语教学类别的综合体，可以囊括从小学到研究生教育的所有层次，包括语言培训、汉语文研究等多个形式，可以依托孔子学院（孔子课堂）、高等学校等不同的载体展开。

（3）基于发展目标的汉语国际教育再认识

这一概念的提出并非为世界范围内的汉语教学找到一个共同的概念，而是在于探寻一种与"请进来"相结合的、以"走出去"为主的汉语教学模式，服务于国家汉语国际推广战略。从这个意义上看，汉语国际教育并非对外汉语教学的高级阶段，而是对外汉语教学的一种延伸。汉语国际教育与对外汉语教学是一个体系的两个方面，具有多样化、多层次、普及型的教学形式特征。

综上所述，在汉语国际教育的理解上，我们理应保持一种认识：汉语国际教育这一提法是从国家的汉语国际推广战略中发展而来的，以"汉语国际教育"替代"汉语国际推广"的名称表述，并非为了给世界上各种各样的汉语教学找到一个统一的名称。作为一种学理探讨，我们不能将汉语国际教育与当下世界范围内所有的汉语教学等同起来，而是理应将汉语国际教育的概念理解和内涵认识纳入国家语言文化推广的战略背景下，从实然状态上把握其本质。综合来看，在狭义上，汉语国际教育可理解为"一种以汉语教学组织实施者为施教主体，以海外母语非汉语者为施教对象，以汉语（文）教学为基础的特殊汉语教学活动"；在广义上，汉语国际教育可理解为以在海外对母语非汉语者实施的汉语教学（主要为孔子学院、孔子课堂等组织机构实施的汉语教学）、中国高校来华留学生汉语教学（包括非学历教育的语言培训和学历教育的相关汉语教学）、对外汉语人才的培养（主要包括面向中国学习者的各类对外汉语专业教育，如对外汉语本科、汉语国际教育硕士专业学位等）及机构培训（以海外母语非汉语者为对象的汉语培训）等为主要内容的多种汉语教学活动的总称。只要满足了汉语国际教育的本质要求，即推广中国文化、传播中华文明，无论是以远程教育、函授教育、一对一汉语培训的形式进行，还是以高等学校、孔子学院和孔子课堂及机构培训的模式展开；无论是低层次的汉语培训、语言学习，还是较高层次的专业人才培养及汉语文研究，都是汉语国际教育的有机组成部分。①

---

① 伊理. 汉语国际教育的内涵解析[J]. 云南师范大学学报（对外汉语教学与研究版），2011, 9(04): 53-56.

二、汉语国际教育的特征

（一）教育对象的特殊性

汉语国际教育针对海外母语非汉语者进行，在一般情况下，相对于中国而言，其学习对象是外国人，这与我们通常所说的其他教育存在明显差别。这一方面与国家发展汉语国际教育的目的有关，另一方面体现了汉语国际教育"走出去"推广中国文化、传播中华文明的价值导向。汉语国际教育对象的特殊性特征正是由此产生的。不仅如此，具体到高等学校一个班级、孔子学院一个班级的汉语国际教育来看，其受教对象在一个班上的年龄差异、学习动机差异、原有的知识水平差异、学习心理差异等也普遍存在。例如，有的学习者可能是小学生、家庭主妇，他们没有汉语基础，因喜欢汉语而接受汉语国际教育；有的学习者可能是跨国企业或国际商贸领域的从业者，他们有一定的汉语基础，出于提升汉语交际能力的需要前来学习；有的学习者则可能是中国文化研究者，因对中国文化感兴趣而接受汉语国际教育。可见，从总体上看，与我们一般所说的某一类教育相比，汉语国际教育在教育对象上，既有国籍、母语等方面的特殊性，也有年龄跨度、从业领域等方面的特殊性。

（二）教育内容的丰富性

汉语国际教育并不是简单的"教汉语"，而是借助语言这一文化载体，传播中华文明。从深层上看，汉语国际教育其实是汉语（文）国际教育，是一种文化的传输，所以汉语国际教育在内容上不仅仅是语言（以及构成语言的文字）的基本的听、说、读、写，还包括传统中国文化的书法艺术、剪纸艺术、戏曲表演、历史常识、文化简史等。不仅如此，从广义上看，汉语国际教育还包含对外汉语人才培养、汉语国际教育师资养成等教育形式。这些汉语国际教育既有专业知识的教育，也有专业教学的教育，其中包含了汉语国际教育教学方法训练、教学内容选择、教学组织实践、教学模式改进等多方面的教育内容。

（三）教育形式的多样性

汉语国际教育为学习者提供了多样的教学内容选择，使那些处于不同年龄层次、具有不同学历水平、不同学习需求的人都可在其中找到自己所需的学习内容。丰富的教育内容背后，是汉语国际教育形式的多样性。例如，远程教育形式的汉语国际教育，让学习者可以抛开时间、空间的限制，依靠现代信息技术完成汉语学习；机构培训的汉语国际教育，让学习者可以在正规学校教育之外，自由灵活地选择进入不同的汉语学习群体进行汉语学习；此外，还有正规的有组织的高校汉语国际教育（如来华留学生汉语教学、对外汉语教学专业人才培养等）、孔子学院（孔子课堂）组织实施的汉语国际教育等多种不同的形式。

（四）教育层次的丰富性

汉语及其所承载的中国文化是汉语国际教育的核心内容。无论是构成语言的字、词、句，还是由语言所组成的文章，乃至语言自身所承载的语言艺术、历史巨著、书法艺术等都是文化的重要组成部分。就中国文化而言，汉字的字形、字体、书写艺术、书法艺术，以及经典名著、诗词歌赋、人文历史等都是文化的重要组成部分。在汉语国际教育的过程中，不同的学习者在学习心理、学习动机、知识背景方面均有所差异，故其所选择的学习内容也就各有差别，而不同的教学内容，其学习层次又是不同的，如学历教育的汉语国际教育、非学历教育的汉语国际教育，小学阶段的汉语国际教育、中学阶段的汉语国际教育、本科阶段的汉语国际教育、研究生阶段的汉语国际教育等。

（五）教育属性的多元性

单针对字而言，汉语国际教育无非就是将汉语（文）扩展到国际范围内来进行，将其联系到国家汉语国际推广的战略背景下，还原这一提法的本义，汉语国际教育无疑具有"国家事业"的意义；而从实践层面来看，汉语国际教育无疑还具有"教学"的含义；如果汉语国际教育要走向深入发展，那么专业化、学科化将是其不容回避的路径选择。所以说，汉语国际教育还具有"学科"（或未能上升到学科，属于具体人才培养单位的专业，属于一个特定的研究领域）的含义。

1. 事业

汉语国际教育除具有教学、学科的基本属性之外，还是一项国家和民族的事业，是一项国家的汉语国际推广事业。教育部等部门明确提到，要进一步明确中央部门和地方政府的职责……外交部负责相关外事政策的指导，并要求驻外使馆加强汉语国际推广工作，商务部负责组织实施在我国出口商品上增加汉字标签和说明，在调研基础上抓紧确定有关出口商品范围和重点出口企业，利用援外经费支持汉语国际推广工作……国家广电总局负责指导CCTV4、CCTV9等频道在现有汉语教学系列节目时段和内容上进一步优化服务，指导国际广播电台充分发挥其播出语种多、覆盖面广等优势，增加和提高汉语节目播出数量和质量，利用分布于世界各国的3600个听众俱乐部，开展汉语教学和考试。可见，我们今天所说的汉语国际教育，其在概念的源头上并不仅仅限于我们一般意义上所说的教育，而是一项集政策性、政治性和策略性于一体的国家事业。

2. 教学

汉语国际教育的本义是指"以汉语（文）为基础，针对海外母语非汉语者的汉语教学"。在一般意义上，教学是"教师将知识、技能传授给学生的过程"。这个教学过程从大的方面来看，涉及总体设计、教材编写、教学实施和考试评价四个方面。汉语国际教育作为一种以汉语为基础的教学活动，其归根结底是要根据教学活动自身的特点和规律，做好汉语国际教育（作为一种具体的语言教学活动）的总体设计，即明确汉语国际教育这一语言教学活动的教学目标、教学内容、教学组织形式，确定汉语国际教育的教材编写和选用，以讲授法、活动法等不同的教学方法展开汉语国际教育的教学工作；对一定时期、一定组织内的汉语国际教育教学效果进行评价，尤其是对学生的学习效果进行评价等。以此展开，就需要明确汉语国际教育的类型、层次、组织形式，进而对不同类型、层次、组织形式的汉语国际教育制定不同的总体设计，编写或选用不同的教材，进行不同的教学实施、不同的考试评价等。例如，对于高等学校的来华留学生教育，可以依据学历教育或者非学历教育的语言培训划定不同的培养目标，确定不同的修业水平和修业年限；对于孔子学院或者孔子课堂一类的汉语国际教育，应依据不同国家的具体情况，在修业年限、教材选用、教学实施方面做出因地制宜的调整等。

从当前的汉语国际教育教学实践来看，不仅有汉语言培训教学——短期的汉语识字、汉语言应用教学、汉语预备教学，还有汉语言的本科教学——高等学校的汉语文专业教育及汉语言专业下多种方向的教学；不仅有一般的进修学习，还有强化教学；不仅有一般的汉语教学，还有职业汉语教学，如商务汉语、旅游汉语、医学汉语等；不仅有低层次的汉语学习，还有高层次的汉语（文）研究；不仅有班级授课制的汉语国际教育，还有一对一的汉语教学辅导；等等。

3. 学科

学科，简单来说，就是学术的分类。与此同时，学科还指高校教学、科研等的功能单位，是对高校人才培养、教师教学、科研业务隶属范围的相对界定的理解。在一般意义上，在高等学校成为一个学科的基本标志是，有独立的名称；有专门的研究领域；在高等学校开设专业培养人才；有专门的研究人员和理论基础。从汉语国际教育的学科属性来看，虽然其起步较晚，但在2008年，国务院学位委员会将"汉语国际教育"列为"中国语言文学"下面的二级学科。当然，从实际情况来看，汉语国际教育在一些基本问题的认识、学科体系和理论框架的构建上还有诸多尚待深入探讨的地方。

"作为一个学科，对外汉语教学不仅包括教学，而且包括和教学密切相关的理论研究和系统研究。这种研究的内容不仅仅是教学中出现的大大小小的各种现象，还应该包括对外汉语教学中的一般原则、方法和规律。"汉语国际教育在一定程度上是由对外汉语教学发展而来的，在很大程度上通过高等教育领域内的专门知识分类而展开。在现有认识下，学界将对外汉语教学的基础学科确定为语言学、心理学及教育学，并以语言学理论、心理学理论和教育学理论作为对外汉语教学的基本理论。在这种理解下，围绕汉语国际教育和对外汉语教学的关系及汉语国际教育固有的特殊性展开，汉语国际教育的学科基础除语言学、心理学、教育学之外，还应包括传播学、跨文化交际学、神经生理学等内容。第一，汉语国际教育虽然以传播中国文化、传扬中华文明为核心，但其载体仍旧是汉语这一基本语言；第二，汉语国际教育从大处说是达成国家汉语国际教育推广战略的具体手段，是一种文化的传播和输出，因此，还涉及传播学的内容；第三，汉语国际教育往小处说是一种语言教学，涉及教学心理、教师心理、学生心理、学习心理、文化心理等诸多内容，因此，还涉及教育学、心理学的内容。在这四个学科中，语言学重点研究"教什么""如何学""怎么教"这三个问题，以及这三者之间的相互关系。

事实上，学科和教学既有区别，又有密切联系。通过系统研究，我们才能认清应该对学习者教什么，了解学习者按什么顺序习得语言项目，用什么策略学习语言知识、掌握交际技能，明白用什么教学方法、教学顺序、教学手段才能取得最好的教学效果。只有这些研究有了阶段性成果，才可能促使教学有阶段性的发展。比如，早期的对外汉语教学并没有意识到"教什么""如何学""怎么教"的重要性，对此也没有进行研究，而是将一些对母语为汉语者的教学内容运用到对母语为非汉语者的教学中，或把语言本体研究中语言项目的次序直接搬到对外汉语教学中，这些做法都不利于教学的顺利进行。

三、汉语国际教育的类型

（一）基于施教主体角度的分类

从施教主体的角度来看，我们可将汉语国际教育分为职能型汉语国际教育和授权型汉语国际教育。所谓的职能型汉语国际教育，即按照组织机构自身的职能展开延伸而进行的汉语国际教育，典型的如以高等学校为主体所进行的汉语国际教育及相关学校组织的各类对外汉语教学；所谓的授权型汉语国际教育，即某一组织机构通过国家授权而展开的汉语国际教育，典型的如孔子学院（孔子课堂）及相关汉语培训机构实施的汉语国际教育。这些机构是国家依据汉语国际推广的需要将之设立起来，并授权其开展汉语国际教育活动的。

1. 职能型汉语国际教育

人才培养是学校的一项重要职能，其有不同的规格、层次和类型。在现代社会，国际学术交流、开放培养人才，既是各类学校发展的重要途径，也是学校职能的有效拓展方式。汉语国际教育作为一种人才培养活动，从一般意义上看，它更多的是高等学校在人才培养具体类型上的延伸。当然，由于汉语国际教育的特殊性（与对外汉语一样属于控制设置专业），尤其是学科知识和学科基础发展的相对不完备，国内高校在开办这一专业时更多地需要依资格进行申请（"汉语国际教育"虽然在2008年成为"中国语言文学"下设的二级学科，但并不面向本科阶段办学，仅有在研究生阶段招生的"汉语国际教育硕士"，且在2010年汉语国际教育硕士被明确定位为专业学位教育，与学术型硕士迥然不同）。国家汉办首批确定了24所高校为开设汉语国际教育硕士专业学位教育的院校，其重点是通过开设汉语国际教育硕士专业学位教育，为开展对外汉语教学培养人才和师资。

2. 授权型汉语国际教育

孔子学院的汉语国际教育是典型的授权型汉语国际教育，这一组织机构是因国家汉语国际推广需要而设立的，国家授权其在海外开展汉语国际教育。孔子学院，又名孔子学堂（Confucius Institute），它并非一般意义上的大学，而是以开展汉语教学为主要活动内容的中国语言文化推广机构。严格来说，孔子学院是一个非营利性的社会公益机构，一般都是设在国外的大学和研究院之类的教育机构中，其最重要的一项工作就是给世界各地的汉语学习者提供规范、权威的现代汉语教材，提供最正规、最主要的汉语教学渠道。

孔子学院的管理和协调机构是孔子学院总部（Confucius Institute Headquarters），境外的孔子学院都是其分支机构，主要采用中外合作的形式开办。孔子学院致力于适应世界各国（地区）人们对汉语学习的需要，增进世界各国（地区）人们对中国语言文化的了解，加强中国与世界各国（地区）教育文化的交流与合作，发展中国与外国的友好关系，促进世界多元文化发展，构建和谐世界。孔子学院的设立方式有三种，即国内外机构合作、总部授权特许经营、总部直接投资。当然，并不是所有的孔子学院、孔子课堂都需要由中国政府创办或者由中国政府与国外机构合办，也并不是所有的孔子学院（孔子课堂）都是中国政府的主体行为。《孔子学院章程》第九条明确规定："中国境外具有从事语言教学和教育文化交流活动能力且符合本章程规定申办者条件的法人机构，可以向孔子学院总部申办孔子学院。"

（二）基于受教主体角度的分类

1. 面向非中国国籍的人群所进行的汉语国际教育

面向非中国国籍人群所进行的汉语国际教育，即面向那些不具备中国国籍的、母语非汉语者所开展的汉语国际教育。在当前的汉语国际教育中，面向海外设立的孔子学院和孔子课堂组织实施的汉语国际教育就属于这种类型。从受教对象来看，无论是孔子学院还是孔子课堂，其针对的人群大多是国外那些非中国国籍的汉语学习者。当然，我们也应该看到，在孔子学院和孔子课堂中，不排除存在极个别的具有中国国籍的汉语学习者。

2. 面向中国国籍人群所进行的汉语国际教育

面向中国国籍人群所进行的汉语国际教育，典型的如汉语国际教育硕士专业学位教育、对外汉语教学专业教育，以及对那些业已取得中国国籍的母语非汉语者所进行的汉语教学等。从汉语国际教育硕士专业学位教育来看，其教育对象更多的是那些已取得学士学位、有志于继续从事汉语国际教育的中国人；从对外汉语专业教育来看，其大多面向中国学生招生，旨在培养汉语国际教育师资。此外，在当前的汉语国际教育中，还存在一部分因工作、婚姻而取得中国国籍的母语非汉语的外国人，他们出于提升中文语言交际能力和中国文化理解能力的需要，进入大学课堂或孔子学院、孔子课堂接受汉语学习，这也属于汉语国际教育。

（三）基于动作发生地的分类

汉语国际教育是一种面向海外母语非汉语者的汉语教学活动，其强调的是"海外母语非汉语者"这一受教对象。整个汉语国际教育的动作，既可以在中国区域内进行，也可以在非中国区域内进行。故从动作的发生地来看，汉语国际教育又可分为在中国区域内进行的汉语国际教育和在非中国区域内进行的汉语国际教育两类。

1. 在中国区域内进行的汉语国际教育

在中国区域内进行的汉语国际教育，如当前国内高校中普遍存在对来华留学生进行的汉语（文）教学活动。当然，严格来说，除高校外，在中国区域内还存在以汉语言培训机构、各类留学机构为主体对海外母语非汉语者进行的汉语教学活动。

2. 在非中国区域内进行的汉语国际教育

在非中国区域内进行的汉语国际教育，如当前世界范围内多有存在的各类孔子学院和孔子课堂，即只要是动作发生地在非中国区域内，具备汉语国际教育基本构成要件的汉语教学活动都可以归入此列。显然，这种分类与前面提到的基于施教主体的汉语国际教育分类有很大程度上的相似，但区别两者的核心之处在于前者着重考查动作由谁发出，而后者着重考查动作在何处发生。

（四）汉语国际教育的其他分类

在探讨汉语国际教育的内容、形式、层次等问题方面，对汉语国际教育的内涵理解是一个基础前提。在本书的研究中，我们倾向于汉语国际教育在概念划分上可以从广义和狭义两个角度理解（详见第一章第二节）：从广义的汉语国际教育角度审视，在实施的模式上应该体现多样化，既包括函授教育、远程教育等形式，又要注意学科化的发展，才能适应汉语国际推广的发展要求。

在汉语国际教育的内容上，《孔子学院章程》的服务对象明确提出"为社会各界各类人员特别是汉语教师提供汉语教学服务，开设继续教育类非学历、应用性汉语学习课程；为国外大、中、小学生提供汉语教学服务，开设专业汉语和公共汉语学习课程；为研究中国问题的学者和机构服务"。由此来看，汉语国际教育是一个囊括初等教育到中等教育，甚至是到中等后教育的完整的教育体系，即汉语国际教育注重的是汉语（文）的国际传播，而非限定于某一层次或领域的汉语（文）教育。汉语（文）是一个复杂的、多层次的概念，其包括字形、字音、字意、文章、语言学、汉语文化学等，其既可以在初等教育层次开展教学和学习，亦可在中等教育层次开展教学和学习，甚至还可以在高等教育层次（中等后教育层次）开展教学和学习。

在汉语国际教育的层次上，它既可以是基础的汉语学习和语言培训，也可以是较高层次的汉语文学习和汉语文化学习研究。这些都可以纳入汉语国际教育的不同层次中加以展开。具体来说，在办学层次上，汉语国际教育可以囊括简单语言培训和汉语文学习的任何层次；在培养层次上，汉语国际教育既可以是学前的、初级的汉语学习，也可以是中等、高等的汉语学习；可以是非学历教育，也可以是授予学位的学历教育。

在汉语国际教育的形式上，它既可以是专门性质的学校，进行专门的汉语（文）教学，也可以是纯粹的汉语培训机构，进行简单的汉语应用性的学习；既可以将汉语学习和汉语文化教育融入具体的"专业"中加以开展，也可以将其渗透到大学课堂的学习中；既可以是正规的有组织的学校教育，也可以是贯穿于个体一生发展的终身教育。从这一意义上看，汉语国际教育可以不拘泥于任何特定的形式来进行，我们甚至还可以将汉语国际教育看作是一种终身教育来进行规划发展。

在汉语国际教育的承载主体上，任何教学活动都需要一定的载体，而离开这种载体，教学活动本身就无法开展，如党校作为各级领导干部培训的载体，

MBA作为企业经理人培训的载体等。作为一种以汉语（文）为基础的教学活动，汉语国际教育需要借助一定的载体来加以展开。以汉语国际教育载体作为一种分类标准，我们可以将汉语国际教育分为以高等学校为主要载体的汉语国际教育和以非高等学校为主要载体的汉语国际教育。

在如上一些分类的基础上，考虑到汉语国际教育内容的复杂性和形式的宽泛性，我们还可以从受教育对象的年龄上来加以划分。例如，汉语国际教育的受教育对象既可以是成年人，也可以是未成年人。当然，无论坚持何种汉语国际教育分类，其都仅是汉语国际教育在理论研究上的一种表现形式。在实践中，汉语国际教育的形式、类型、规格是相互联系、无法割裂的。

第二节 汉语国际教育的总体背景

一、汉语国际教育的发展历程

一方面，汉语国际教育与来华留学生教育、对外汉语教学、汉语作为第二语言的教学等活动有着一脉相承的关系；另一方面，汉语国际教育的提出具有丰富的内涵和广阔的发展路径。汉语国际教育作为对外汉语教学适应新形势的一种重要发展概念，有效地促进了我国语言文化传播事业的发展。如果说在汉语国际教育概念出现之前，我国的语言文化传播事业仅以来华留学生的汉语教学为载体，那么在汉语国际教育出现之后，我国的语言文化传播事业则呈现"内外相济、多元并举"的局面。在国内，对外汉语教学不断辐射来华留学生群体，成为一种以国内为主阵地的、以来华留学生汉语教学（更多强调来华留学生的学历性汉语教学和非学历性汉语教学）为主的"请进来"的汉语国际传播；在国外，汉语国际教育综合面向全世界，成为一种辐射全球的、以海外母语非汉语者为教育对象的以"走出去"为主的汉语国际传播。此外，随着汉语国际教育推广事业教育性、专业性和实效性的提升，对外汉语教学人才培养也逐步拓展为汉语国际教育的一个新体系。

（一）前汉语国际教育阶段

汉语是世界上最古老的语言之一，有着悠久的国际传播历史。从秦汉开始，汉语就开始了向外传播。

目前的情况是，日语、汉语、越南语等语言中均存在大量（约60%）的汉语借词（虽然现在越南已经不使用汉字了）。在日本，当下的日语还有超过

2131个汉字借字和若干人名用字；日本现在每年还举办汉字检定考试，受测人数已超过200万；有超过800万部手机具有传输汉字短信的功能；日本计算机公司生产的汉字字库、字体有1900余款；一些小学仍旧提倡通读《论语》。在韩国，现在仍有大约1800个汉字在使用。韩国前总统金大中也说过，韩国各种历史古典文章和史料都以中国汉字书写，如无视汉字，将难以理解我们的古典文化和历史传统。2005年2月9日，韩国政府宣布，在所有公务文件和交通标志领域，全面恢复使用汉字和汉字标记，规定将目前全用韩语的公务文件改为韩、汉两种文字并用。①

总体而言，自秦汉以来，中国的对外汉语传播就从未中断过，其中尤以唐宋及明清时期为盛。唐代，中国的经济空前繁荣，绚丽多彩的文化吸引了周边国家许多友好人士前来学习，留学生教育（当时称为遣唐留学生，也有称遣唐使）成为当时汉语传播的重要手段，典型的如日本的阿倍仲麻吕等。宋代，周边国家的人对汉语学习倾注了很大热情，推行了一系列富有成效的措施，保障了汉语文与中国文化的传播。尤其是在活字印刷术发明以后，汉文典籍外传的效率和规模普遍提高，典型的如公元995年，宋僧道隆应日僧的邀请，率弟子数人东渡日本，创建建长寺，宣扬禅风。及至明清时期，我国与周边国家的民间交往日益普遍、深入，加上西方传教的需要，汉语国际传播的速度不断加快，同时出现了一批很有影响的汉语学习教材。例如，《老乞大》《朴通事》《训世评话》等是明代初期朝鲜人学习汉语口语的教材；《官话指南》《燕京妇语》是日本人在北京工作和生活所用的汉语口语教材；《语言自迩集》等是欧洲人编写的适合西方人学习汉语的教材。

1950年，清华大学开办"东欧交换生中国语文专修班"，接收中华人民共和国第一批外国留学生并对他们进行汉语教学，这标志着中国的汉语传播事业重新拉开了序幕。

1952年，我国向海外派遣了第一批汉语教师。朱德熙先生等人被派往保加利亚等国任教，执行政府间协议，成为向国外推广汉语教学的第一批使者。为适应对外汉语教学事业的不断发展，1962年，国务院批准成立了"外国留学生高等预备学校"，1964年定名为"北京语言学院"，这是我国第一所以对外汉语教学为主要任务的高校。

1971年，联合国恢复了我国的合法席位，四十多个国家要求向我国派遣留学生，国内高校陆续恢复招生。在这种形势下，北京语言学院于1973年复

---

① 周小兵. 对外汉语教学入门（第3版）[M]. 广州：中山大学出版社，2017: 205.

校，接着，全国各省区高等学校陆续恢复招收来华留学生。

教学规模的扩大和本科教学的创建，使设立一门专为外国留学生汉语教学服务的学科成为当务之急。1982年4月，国内21家教学单位在北京语言学院举行"对外汉语教学学会"第一次筹备会，"对外汉语教学"的提议得到一致肯定。会议一致同意学会的名称叫作"中国教育学会对外汉语教学研究会"，后来研究会提升为一级学会的时候，就顺理成章地叫作"中国对外汉语教学学会"。为了便于国际交流，学会的英语译名定为"All China Association for Teaching Chinese as a Foreign Language"。

1987年7月，"国家对外汉语教学领导小组"成立，并设立常设办事机构——中国国家对外汉语教学领导小组办公室（后改称"中国国家汉语国际推广领导小组办公室"，简称国家汉办）。

1990年，汉语水平考试（HSK）正式实施。迄今为止，全世界共有四十余万人参加了该考试。

2002年8月，国家汉办举办首届"汉语桥"世界大学生中文比赛。此后，"汉语桥"世界大学生中文比赛成为每年一次的惯例。

2004年4月15日，教育部正式启动"国际汉语教师中国志愿者计划"，选拔培训合格的志愿者教师分赴海外从事全职汉语教学工作，以解决全球汉语教师紧缺问题。外派汉语志愿者教师活动，标志着汉语教育的"主战场"由国内转向国外，汉语教学在实质上进入了汉语国际教育时代。

（二）汉语国际教育阶段

20世纪末，尤其是进入21世纪以来，以计算机、电子信息技术为主导的信息科技革命席卷全球，全球化的交往呈现出前所未有的趋势，汉语的跨文化、跨国界交往成为一种可能，更成为一种必要；另外，随着中国经济发展水平的提升，对外经济交往和贸易活动逐年大幅度提升，汉语也自然成为国与国之间交往、经济贸易往来、文化交流传播必不可少的沟通工具。此外，随着中国经济的持续发展和世界文化的加速融合，汉语及其所承载的东方文化越来越引人注目，全球汉语学习者人数持续增加，在世界范围内推广汉语教学、介绍中国文化，让更多的人以更快捷的方式掌握汉语，成为全球化时代汉语国际传播的趋势。

进入21世纪后，为适应经济全球化和我国加速融入世界的需要，过去那种单纯的"请进来"的汉语推广战略已经不再适应形势需要，而"请进来"与"走出去"的结合无疑成为"加快汉语国际推广，提升我国文化影响力和软实力"的必然选择。

2004年5月，以推动世界汉语教学为目的的"汉语桥"工程启动实施，对外汉语教学开始了"走出去"的转型。2004年，国务院批准了国家对外汉语教学领导小组制定的对外汉语教学事业2003年至2007年发展规划——《汉语桥工程》，明确提出将"集成、创新、跨越"作为对外汉语教学和汉语国际推广的发展战略。

2004年11月21日，全球第一家孔子学院在韩国首尔建成；2005年2月18日，欧洲首个孔子学院——北欧斯德哥尔摩孔子学院在斯德哥尔摩大学中文系挂牌成立；2005年3月7日，美国第一所孔子学院——马里兰大学孔子学院挂牌成立。

2005年7月，首届世界汉语大会在北京举行，来自五大洲六个国家的300多位代表出席了这次大会。这次大会既是一次汉语国际推广的动员大会，也是一次汉语国际推广的宣传大会。对内而言，它是一次汉语国际推广的动员大会；对外而言，它实际上是一次汉语国际推广的宣传大会。此次大会之后，国内的汉语国际教育力量被动员起来，国外汉语国际教育的热情得到了进一步提升，汉语国际推广工作由此进入高速发展阶段。

2006年，对外汉语教学向国际汉语教学的转变得到国家汉办等有关部门的政策推动。国家汉办"针对我国多年来对外汉语教学的主战场在国内，以来华留学生为主要教学对象的传统汉语教学模式不适应国外对汉语的需求状况，提出了转变观念的要求，明确了工作重点，实施了六大转变：一是发展战略从对外汉语教学向全方位的汉语国际推广转变；二是工作重心从将外国人'请进来'学汉语向汉语加快'走出去'转变；三是推广理念从专业汉语教学向大众化、普及型、应用型转变；四是推广机制从教育系统内推进向系统内外、政府民间、国内国外共同推进转变；五是推广模式从以政府行政主导为主向政府推动的市场运作转变；六是教学方法从以纸制教材面授为主向以充分利用现代信息技术、多媒体网络教学为主转变。'六个转变'实际包含了三个层面：体制和机制、对象和教学类型、教材和教法。换言之，从过去的'请进来'、对有一定学历的成年人进行面对面教学发展到'走出去'、对社会上各式各样的人进行多种方式的教学，需要全方位的改进和改革"。[①]

2006年3月，国务院办公厅转发了《关于加强汉语国际推广的若干意见》，从国家战略的高度阐明了汉语国际推广工作的重要性和紧迫性，提出了汉语加快走向世界的指导思想、总体规划和政策措施，把提升学科地位、建立汉语作

---

① 许琳. 汉语国际推广的形势和任务[J]. 世界汉语教学，2007(02): 106-110.

为第二语言教学的专业学位制度列为重要任务之一。

2006年7月，全国汉语国际推广工作会议明确提出，要树立新的汉语国际观，从发展战略、工作重心、推广理念、推广机制、推广模式和教学方法方面实现"六大转变"，强调要加强汉语国际推广能力建设，对汉语作为第二语言、外语教学教师的能力与素质提出了更高的要求。同年9月，国务委员陈至立明确指示，要超常规、大规模地培养教师，加大派出规模，成千上万地向国外委派教师。

2007年3月，国务院学位委员会第二十三次会议审议通过了《汉语国际教育硕士专业学位设置方案》，"汉语国际教育"这一名称得以正式确立。

此后，国务院学位委员会于2008年9月确定了中国人民大学、山东大学、北京外国语大学、厦门大学、北京语言大学等8个汉语国际推广基地学校；此后，又陆续确定了大连外国语学院、南开大学、中山大学、武汉大学、东北师范大学、海南师范大学、延边大学7所高校为第二批汉语国际推广基地学校。

截至2020年，我国已在亚洲、非洲、欧洲、美洲、大洋洲的162个国家和地区建立了孔子学院541所，开办孔子课堂1170个，全世界直接或间接接受、参与汉语国际教育的人数已经超过一亿。在这其中，既有创办在西方发达国家和地区的孔子学院（孔子课堂）的汉语教学，也有在第三世界国家开展汉语教学的培训机构，其教学对象既有进入高等教育研究生教育层次的中国语言文学研究（专业教育），也有单纯的汉语识字和汉语言培训。

（三）汉语国际教育的时代应答

经过了前汉语国际教育阶段、汉语国际教育阶段的发展，今天的汉语国际教育正紧跟时代步伐，广泛融入社会生活中。例如，"中国文化周""中国文化月""中国文化年""中国文化节"等活动在法国、俄罗斯等国屡见不鲜，在各类电视报道和电视节目中，外国人学说汉语、学习中国书法、唱中国歌的情况更比比皆是。随着全球化与中国现代化的交互，世界性"汉语热"正成为21世纪语言文化传播的重要特征。

"汉语国际推广，路已渐宽，路还很长。"在汉语国际教育不断推进的新形势下，还有诸多亟待解决的问题。诚如北京语言大学王路江教授所说："我们更多地看到的是语言源于民族文化的根基的一面，却忽略了语言还有更加有价值的跨文化、跨国界传播的一面，没有发现我们汉语有在非本土传播文化的强大生命力。我们注意到，在世界经济全球化的推动下，大众消费文化以不同的民族语言、在不同的国家疆界内同步叙述着相同的文本，已经成为十分普遍的现象，这使语言超越国家的疆界为其他国家所用成为事实。是世界经济全球化的图景向我们展示了汉语的国际化趋势，也是'对外汉语教学'向国际汉语教学的转变成为一种日渐明显的趋向，引起我们的关注和思考。"①

在新的时代背景下，汉语国际教育比以前应用最广的对外汉语教学的内涵及外延都扩大了。从"对外汉语教学"到"国际汉语教学"不仅是名称的变化，更重要的是把我们置于更宽广的背景下思考我们的学科发展现状及未来。我们把视线从"对外汉语教学"放眼到国际汉语教学，把我们的事业置于国际化背景下思索时，我们有必要重新审视我们的位置，做出学校发展新的战略规划。这是我们每位一线汉语国际教育实践工作者和汉语国际教育研究者所肩负的使命，更是汉语国际教育必需的时代应答。

二、汉语国际教育的发展现状

（一）汉语国际教育发展概况

汉语国际教育作为一项综合性的教学活动，其发展是多维度的，既有参与者人数的增加，也有教学材料的变化和积累，还有评价标准、外部支持等方面的变革。围绕汉语国际教育发展的相关因素，目前汉语国际教育发展的现状体现了以下几个方面的特点：

1.汉语学习人数不断增加

近年来，随着"汉语热"的持续升温，汉语学习人数激增已成为不争的事实。当前，全世界有超过100个国家和地区的3000所高等学校自发开设了汉语课程。在与中国交往较为密切的部分国家和地区，汉语学习还呈现出从高等教育领域向初等教育、幼儿教学扩展的趋势。据不完全统计，"世界各国学习汉语的人数，很多国家是以50%甚至是翻番的速度增长，全世界现在学习汉语的人数已经超过了4000万"。例如，泰国有1000多所中小学开设了汉语课，有近30万的学生学习汉语；美国2005年前有200所学校开设汉语课，到2009年已经发展到有1000多所学校开设汉语课，而且中学生学汉语的人数从2万增加到10万多，增加了4倍多；英国原有150所左右的中学开设汉语课，2009年已经超过500所，学习汉语的总人数近7万；俄罗斯开设汉语课的学校从2004年的50所增加到2009年的150余所，学生从5000多增加到15 000多；德国有近200所公立中学开设了汉语课，汉语学习人数超过1万。

在专业化的汉语国际教育上，截至2009年年底，全国已有近400所高等

---

① 王路江. 从对外汉语教学到国际汉语教学——全球化时代的汉语传播趋势[J]. 世界汉语教学，2003(03): 9-12.

学校开展了长、短期的对外汉语教学,共接收了来自189个国家和地区的22.3万各类留学生。北京语言大学、北京大学、北京师范大学、复旦大学、华东师范大学、南京大学、南京师范大学、南开大学、厦门大学等10余所高校,其每年的在校留学生都在千人以上。具体针对汉语国际教育的外向发展而言,截至2009年年底,世界著名大学中有超过40所建立了孔子学院。典型的如美国的加州大学洛杉矶分校、澳大利亚的墨尔本大学、俄罗斯的莫斯科大学、日本的早稻田大学、英国的爱丁堡大学等。孔子学院已成为各国学生学习汉语言文化、了解当代中国的主要平台,甚至成为中国"大外交"和"大外宣"的一个重要组成部分。与此同时,在美洲、欧洲、非洲的多个国家和地区,孔子课堂采取因地制宜、灵活多样的办学形式,面向大中学校、社区和企业教授汉语,推广中国文化。

2. 汉语国际教育机制逐步形成

从中华人民共和国成立初期摸着石头过河的"交换生"教育到今天形式多样的汉语国际教育,其管理制度、机构设置也得到了进一步的健全和完善。为保证汉语国际教育工作健康、有序、顺畅、高效运行,国务院的11个有关部门发起并成立了"中国国家汉语国际推广领导小组办公室",以下简称国家汉办。国家汉办直属于中华人民共和国教育部(以下简称教育部),是司职汉语国际教育的专门性机构,旨在负责制定汉语国际推广的方针政策和发展规划,支持各国各级各类教育机构开展汉语教学,在多个国家和地区与大学和中学合作;制定对外汉语教学标准并组织评估,开发和推广汉语教材;制定对外汉语教师资格标准并开展培训,选派出国对外汉语教师和志愿者,实施汉语作为外语教学能力认证;制定对外汉语教学网络建设标准,构建相关网络平台并提供资源,开发和推广各种对外汉语考试,指导中国孔子学院总部及各类孔子学院建设。

在国家汉办成立并不断规范指导汉语国际教育发展的同时,全国多个省(市、区)教育主管部门将汉语国际推广列入教育工作议程,成立相应的教育领导小组,制定工作规划,极大地促进了汉语国际推广工作。除高等教育主管部门、高等学校、出版机构外,也有为数众多的中小学、企业(如文化、教育公司,计算机、网络公司等)加入汉语国际推广中,基本上实现了汉语国际教育推广机制从教育系统向系统内外、政府民间、国内国外共同推进转变,推广模式从以政府的行政主导为主向政府推动的市场运作转变。例如,商务印书馆出版了以赵金铭为总主编的"商务馆对外汉语教学专题研究书系",共计22本,内容包含"学科理论研究""教学理论研究""教材研究""听力教学研究""口语教学研究""阅读与写作教学研究""教材研究""综合课教学研究""汉语教学研究""汉语作为第二语言的学习者汉语认知研究""汉语水平考试研究""语言测试理论及汉语测试研究""计算机辅助教学的理论研究""计算机辅助教学的实践研究""教师素质与教学培训研究""课堂教学技巧研究"等。此外，商务印书馆还发行了以外国人为阅读对象的《汉语世界》刊物，定期出版《对外汉语教学研究》，北京大学出版社则定期出版《汉语教学学刊》。

3. 汉语水平考试制度逐步健全

汉语水平考试是衡量各汉语学习者汉语学习水平的重要手段。在过去相当长的一段时期内，专门的汉语水平考试制度和专业性的汉语水平测试组织一度缺乏，汉语水平考试大多停留在"教师考学生""语言对话"的浅显层面上。20世纪90年代，随着全球汉语学习人数的增长，传统的"教师考学生"的汉语水平考试方式亟待改进。在这一背景下，北京语言大学汉语水平考试中心设计研制了汉语水平考试（HSK），并于1990年2月通过专家鉴定正式开考。今天，HSK已经逐步发展为国家汉语水平考试委员会、北京语言大学汉语水平考试中心共同负责的国家级汉语水平标准化考试，相应的HSK汉字、词汇、语法等级标准和等级大纲逐步得到完善，基础汉语水平考试，初、中等汉语水平考试和高等汉语水平考试三个层次的汉语考试认证制度不断发展。2006年，海外42个国家的172个考点的6466人参加了汉语水平考试；而到了2007年，海外参加汉语水平考试的人数达到138000万。在汉语水平考试人数激增的同时，为保证考试的延续性和评价的多元性，继2006年10月商务汉语考试（BCT）在新加坡实施海外首考之后，2007年4月15日，BCT在全国20所院校举行中国国内正式首次考试。目前，BCT已在新加坡、韩国、美国、日本、比利时、泰国等国正式开考，并呈现不断扩大和持续发展的势头。除了传统的以成人为主体的HSK、BCT考试之外，由国家汉办主持开发的少儿汉语考试（YCT）也于2006年在新加坡首次推出，2007年开始在全世界推广，目前已在我国及日本、俄罗斯、泰国、韩国、菲律宾等国家成功开考，并得到了当地汉语学习者的喜爱和欢迎。随着HSK、BCT、YCT等考试在世界范围内的不断深入发展和参考人数的持续增长，为使汉语水平考试（HSK）更好地满足海外不断增长的汉语学习者对汉语考试的新的要求，2009年11月，国家汉办组织中外专家，在充分调查、了解海外汉语教学实际情况的基础上，借鉴近年来国际语言测试研究最新成果，重新研发并逐步推出新汉语水平考试（HSK）。新HSK是一项国际汉语能力标准化考试，重点考查汉语非第一语言的考生用汉语进行交际的能力。新HSK和以前的HSK在考试形式、考试内容及难易标准上都具有较大差异。至此，国家汉语水平考试进入了一个新的发展阶段。截至目前，这种考试（尤其是 HSK 水平考试）一方面在高等学校高层次的汉语国际教育中充当了准入门槛的角色；另一方面为世界范围内的汉语国际教育确立了一个相对统一的基础性评价标准。

4. 汉语教材建设取得显著实效

汉语国际教育强调针对海外母语非汉语者进行。针对实际情况而言，现有的汉语国际教育受教育对象一般并不具备汉语学习基础。在当前多样化的汉语国际教育背景下，制定一套能针对多个受教对象的、具有高度适应性的汉语国际教育教材就甚为必要。近年来，国家汉办、北京语言大学、世界汉语教学学会，以及国内各类有关的汉语国际教育组织围绕汉语国际推广这一主线，采取"一纲多本"的政策，增强了各地各校编写对外汉语教学教材的积极性，目前已初步建立起从低级到高级、适应各方面需要的对外汉语教学系列教材体系。不仅如此，国家汉办自成立以来，通过课题立项、专项资助、委托研究等形式积极支持汉语国际教育教材开发工作。通过几年的发展，汉语国际教育教材开发无论在数量上还是在质量上都取得了显著的效果，针对不同语种和国家的汉语国际教育教材相继问世，如英语区教材、韩国教材、泰国教材、阿拉伯语区教材等，还有针对不同职业或阶层的教材，如商务汉语教材、旅游汉语教材、儿童汉语教材、汉语学历教育教材等。自 2010 年以来，国家汉办还先后组织华语教学出版社、人民教育出版社、外语教学与研究出版社等多家出版机构，完成《快乐汉语》《汉语乐园》《跟我学汉语》《当代中文》《汉语图解词典》《汉语800字》等9套主干教材、45种工具书，以及9个语种的《新实用汉语课本》共1115个品种的改编、翻译及出版工作，完成8个系列24个品种的中亚汉语教材开发。

5. 师资培养质量及输出水平提高

为积极应对汉语国际教育在不同国家、不同地区、不同文化环境的师资适配性问题，汉语国际教育师资培养机制改革也随之展开，具体工作包括：（1）改进对外汉语本科教学，加大外语、外国文化、跨文化交际、中国文化才艺、国外中小学教学法等内容的学习训练，加大汉语教学实习尤其是到海外实习的比重；（2）对国内文科相关专业的学生（尤其是外语专业的学生）进行汉语作为外语教学方面的短期培训，使之能胜任相关工作；（3）设置汉语国际教育硕士专业学位教育，培养适应汉语国际推广工作，胜任汉语作为第二语言、外语教学的高层次、应用型、复合型专门人才。北京语言大学、厦门大学、延边大学、云南师范大学等国内先期开展汉语国际教育师资培养的学校，不断创新汉语国际教育师资培养模式。例如，云南师范大学采用"2+2模式""3+1模式"探索汉语国际教育师资培养的新模式。经过几年的发展，一批具备较深汉语素养、具有异国文化适应力和较强汉语国际教育水平的师资队伍得以形成和外输，汉语国际教育师资在不同国家和地区的适配性问题得以部分解决，汉语国际教育的师资培养及输出水平明显提高。

6. 学科建设进程逐步深化

在汉语国际教育的学科发展上，2008年，"汉语国际教育"被列入"中国语言文学"之下的二级学科。在这一基础上，北京语言大学、北京外国语大学等高校开展了不同程度的汉语国际教育学科化研究，将对外汉语教学的学科体系和学科内容进一步向前推进，力图在汉语国际推广的新形势下构筑汉语国际教育的专门学科体系（有的称作国际汉语教学学科）。针对个体层面的学术性研究而言，陆俭明、崔希亮、王路江、周小兵等学者也在各自的研究中提到了汉语国际教育学科化的构想。从国家政策的层面来看，近年来，国家还先后设立了包括对外汉语教学方向的博士点和国家重点学科，建立了国家级的人文社会科学重点研究基地对外汉语研究中心，并逐步在一部分留学生办学条件较好、办学水平较高、办学基础较扎实的高等学校建设了一批对外汉语教学基地，以便在教学科研、教材建设、师资培训和国内外学术交流等方面发挥示范作用。

在汉语国际推广的标准化建设方面，首先，汉语国际教育学习资助体系逐步确立。近年来，国家汉办等相关部门设立了面向海外的对外汉语教学基金——汉语桥基金，加强了与国外汉语教学界的联系、交流与合作，加强了对国内外汉语教师的培训工作，世界范围内的汉语国际教育学习资助体系初步得以建立。其次，汉语国际教育的标准化要求逐步形成。2007年年底，国家汉办组织国内外人才在合理吸取若干国外语言教学大纲经验的基础上，提出了汉语国际教育的三个标准——《国家汉语教师标准》《国际汉语能力标准》及《国际汉语教学通用课程大纲》。在这三个标准要求中，《国际汉语教师标准》对从事国际汉语教学工作的教师应具备的知识、能力和素质进行了全面描述，建立了一套完善、科学、规范的教师标准体系，为国际汉语教师的培养、培训、能力评估和资格认证提供了依据。《国际汉语能力标准》对国际汉语的总体能力、汉语口语和书面交际能力分5级进行了描述，同时还列举出各种语言能力级别应完成的汉语应用任务，为国际汉语教学总体设计、教学大纲的制定、教材的编写提供了主要依据，也为评测汉语学习者语言能力，以及开发、设计汉语能力考试提供了参照。《国际汉语教学通用课程大纲》对汉语作为第二语言课程目标与内容做了系统全面的梳理和描述，尤其是对课程目标及学习者所应具备的语言知识、语言技能、学习策略和文化意识等方面进行了分级分类描述，为汉语教学机构和教师在教学计划制定、学习者语言能力评测和教材编写等方面提供了参考依据和参照标准。此外，国家汉办/孔子学院总部的成立及孔子学院设立章程的确立也极大地促进了汉语国际教育的标准化进程。这些标准化建设既体现了汉语国际教育专业水平的提高，又为汉语国际教育的学科发展丰富了内容、创造了条件。

（二）汉语国际教育现存的问题

透过上述对汉语国际教育基本现状的梳理，我们不难发现，虽然汉语国际教育在师资培养、教材建设、以及在孔子学院（孔子课堂）建设方面取得了一定成绩，但汉语国际教育的可持续发展问题、理论研究问题、质量控制问题仍有极大的改进空间，无论是学界的理论研究，还是一线汉语国际教育实践，都应加强对这些问题的深入探讨。

1. 关于汉语国际教育的可持续发展

一是汉语国际推广的发展定位。长期以来，对外汉语教学大多局限于专业人才的培养，过分强调其学术性和系统性；汉语国际推广工作没有被提到应有的战略高度，没有成为国家"大外交"和"大外宣"工作的有机组成部分，也没有作为"走出去"战略的重要内容进行总体规划与部署。国家汉办主任许琳在接受新华社采访时指出："怎么样才能够把孔子学院让大家认可为公共外交和人文外交的重要抓手，或者是作为一个很好的品牌？要使全国人民都来参与才行，不光是对外宣传。中学也好，小学也好，地方也好，中央也好，不管你是劳务出口，还是国际交流合作，出去的人，哪怕是开饭馆的人，都应该想到我要带文化出去，带我们的语言出去，要有自觉意识就好了。"战略定位的明确性对汉语国际教育的发展有重要的推动作用。我们都知道，从广义上看，无论是高等学校来华留学生汉语教学（来华留学生语言培训）、在海外对母语非汉语者的汉语教学（以孔子学院、孔子课堂等为载体实施的汉语教学等），还是对外汉语人才培养（含高校对外汉语教学专业教育、汉语国际教育硕士专业学位教育），都是汉语国际教育。而汉语国际教育的类型、层次、内容的多元性特征，使其发展必须体现分类指导。现有的从事汉语国际教育的各类机构，逐步确立各司其职、各属其能、各得其所的发展定位，形成可持续发展的汉语国际教育。

二是汉语国际推广的机制运行。汉语国际推广是一项重要且具有市场前景的文化产业，但目前的推广体制基本是由政府主导的计划经济指令模式，而引入市场竞争机制及政策激励相关机构和社会力量积极参与的措施不够。从现实来看，当前的汉语国际教育在很大程度上依靠高等学校和孔子学院两个主体来展开，而这两个主体所开展的汉语国际教育都是由政府统筹的。开办孔子学院需要向国家孔子学院总部申请，只有获得国家孔子学院总部的授权方能开办。在高等教育领域，对外汉语教学专业、汉语国际教育专业的开设，都要通过教育主管部门的审批，市场力量、社会力量在其中所起的作用可谓微乎其微。事实上，在经济全球化和我国市场经济不断发展的今天，在国家宏观调控的基础上，允许广泛引入社会力量参与汉语国际教育，对于传播中国文化、传扬中华文明来说，无疑具有极大助益。

三是汉语国际推广的效能提高。近年来，国家汉办/孔子学院总部为开展对外汉语教学工作发挥了重要的作用，但与汉语国际推广的新形势、新要求相比，在层次和职能等方面都不匹配。有研究者认为，近年来，虽然我国为进一步扩大汉语影响也采取了一些可行的手段和措施，如"通过各种国际文化交流扩大汉语影响""积极向海外派遣汉语教师，建立孔子学院""成立孔子学院总部以进一步推动汉语国际推广"等，但从总体来看，我国汉语国际推广的方式还不够丰富，尚有许多可取的方法和途径都没有被很好地利用起来。有的专业学者提出应充分利用汉语拼音的优势来推动汉语国际化进程，积极争取汉语在各种国际性活动中的话语权，以此发挥汉语的国际影响。[①] 这些想法有必要在实践中进行深入的探索。

四是汉语国际教育师资队伍的建设。对外汉语教学、海外华文教育在师资、教材方面严重不适应"汉语加快走向世界"的需求，已经成为制约汉语国际推广的"瓶颈"。"我们现在作为汉语母语国，中国教材的覆盖率在全球来说，现在4000多万人学汉语，每年出口的教材覆盖率也就是百分之十几……"我国现有的专职对外汉语教师数量远不能满足实际需要。

五是对外汉语教学工作的创新发展。目前，对外汉语教学工作主要依靠少数高校，以接收来华留学生的汉语教学为主，在汉语国际推广由"请进来"到"走出去"的转变进程中，对对外汉语教学规律的研究，尤其是针对不同国家和地区及不同文化背景的汉语教学研究不足。这些既是汉语国际教育的现实困境，也是汉语国际教育发展迫切需要改进的问题。

综上五点内容得出，我国的汉语国际教育的发展尚存在改进的空间。如何

---

① 李君. 汉语国际化进程中存在的一些问题及对策[J]. 长春工程学院学报（社会科学版），2009，10(2)：64-67.

进一步明确汉语国际教育的定位、主体、参与机制和内容，加大汉语国际推广的经费投入，并从制度上、机制上营造汉语国际推广的良好运行环境，实现汉语国际教育的最大效能，是汉语国际教育的长远发展需要密切关注并探索解决的问题。

2.关于汉语国际教育的学理研究

"汉语国际教育"这一名称到2011年已有近5年的历史，但时至今日，汉语国际教育的一些基础性问题、本源性问题仍旧未能得到很好的确认和解决。

首先，汉语国际教育的内涵问题。汉语国际教育作为一种特殊的教育活动，是随时代发展而产生的新概念，有其存在和形成的基础和价值。汉语国际教育并非无须解释、不证自明的概念，众所周知，概念是对内容本身的高度凝练和概括。没有明确的汉语国际教育概念，就难以形成明确的汉语国际教育发展思路，而这个发展思路既包括理论研究上的内容，也涵盖实践操作上的内容。对于一项研究工作来说，没有明确的研究内容，就不可能选用明确的研究方法，不可能形成完整的理论体系和坚实的理论基础；而对于一项实践工作来说，没有明确的思路，就不能找出明确的操作对象与具体可行的操作方法。其次，汉语国际教育的内容厘定问题。简要来说，就是汉语国际教育做什么和教什么的问题。汉语国际教育的实施类型及层次是多元的，因此其内容也呈现多样性。然而，针对不同类型、层次的汉语国际教育，在制定相应的内容要求、提供相应的教学材料、构建配套的考核评估体系等方面尚不够完整、规范，尤其是在汉语国际教育的专业化发展，专业人才的培养目标、修业年限、课程设置等方面的内容都存在深化理论研究、改进实践模式的问题。最后，汉语国际教育的战略发展问题。汉语国际教育从哪里来，这是汉语国际教育的历史本源探究的问题；汉语国际教育走到何处，这是汉语国际教育的现状问题；汉语国际教育要去哪里，就是汉语国际教育的走向，这是汉语国际教育的未来发展问题。从这几个问题上进行思考，势必应该深入、系统地研究汉语国际教育的可持续发展，从宏观上加强对汉语国际教育的政策环境与路径等问题的研究，从微观上深化对汉语国际教育的教学方法、教学手段、教学目标、教学理念、教学评价、教学质量等问题的探索。

只有不断提高汉语国际教育研究的理论水平，重视汉语国际教育的专业化、学科化发展，才能促进汉语国际教育的实践成效，以使汉语国际教育更好地服务于国家的文化推广事业。

3.关于汉语国际教育的质量控制

当前，除了HSK可在一定程度上充当汉语国际教育的评价标准之外，还没有一个统一的汉语国际教育的既定评价范式。而 HSK 在更多的时候扮演着测定来华留学生汉语学习水平的角色，而非具体地被指定为汉语国际教育的测试标准。从现实情况来看，我国当前在世界不同地区创办了数以百计的孔子学院和孔子课堂，招收了数以万计的学生，但是对于学生们汉语学习水平的测定，公认的、普遍的统一标准尚未形成。在全球经济化的今天，国际的人才流动，面向世界性就业市场的就业、求学都变得非常普遍。因此，在汉语国际教育不断发展的征途上，我们有必要加强对通用的汉语国际教育质量评定标准的构建，逐步形成影响力大、认可度高、适应性强的质量评价标准，以使汉语国际教育能在不同区域、不同形式下获得相对统一的发展指导和质量认定，打破因缺乏统一认定标准而导致的汉语国际教育壁垒。

三、汉语国际教育的发展动向

（一）汉语国际教育的地域拓展

"语言推广既是各国维护人类文明共同的责任，又是一国融入经济全球化的必然选择。"[①]

"从对外汉语教学到汉语国际推广，其实质是国家把汉语国际教育的工作重心由国内转向国际，把汉语国际教育的主体由来华留学生转而锁定为海外社会各年龄阶层的学生。"[②]这是汉语国际教育发展转型的显著体现。从孔子学院汉语教学这一重要的汉语国际教育形式来看，我们都知道，世界上第一所孔子学院是在韩国创办的。这所孔子学院的创办有很多特点：第一，韩国是典型的亚洲国家，在地域上属于中国的近邻；第二，在历史上，韩国是长期受中国文化和中华文明影响的国家，韩国对中国语言文字的接受和中国文化的学习可追溯到 1000 多年前；第三，韩国在经济发展方面，与中国具有极其密切的贸易关系。深入分析，从世界上第一所孔子学院在韩国创办到目前的发展状况看，孔子学院发展历程的典型特征表现为地域上由近及远、文化上由同源向差异的延伸，孔子学院的数量在逐年增加。

从世界范围来看，早期创办孔子学院的国家，一方面，在政治上与中国关系较为密切，中国的汉语国际教育推广大多是首先由中国提出，然后取得所在国的同意，继而创办孔子学院、孔子课堂；另一方面，在经济上与中国有较高

---

① 王子愿. 孔子学院在"一带一路"建设中的布局优化与功能提升[J]. 中国文化海外传播研究, 2019(1): 220-233.

② 张和生. 机遇与挑战——从对外汉语教学到汉语国际推广[J]. 云南师范大学学报（对外汉语教学与研究版）, 2007(6): 12-13, 15.

的依存性和互动性，且孔子学院、孔子课堂大多分布于经济发展水平较高的国家。但时至今日，汉语国际教育的推广方式发生了明显的转变，创办孔子学院的要求也发生了显著的变化。当前，有相当一部分后发型国家、第三世界国家出于与中国扩大政治、经济交往的需要，不断要求与中国合作共建孔子学院、孔子课堂，通过推广汉语，促进两国的经济贸易及旅游的往来。在今天的时代背景下，"汉语资格证在海外人眼中成为一张求职的名片，一张烫金的名片。在美国、越南、澳大利亚等国家，获得汉语资格证的人从业机会相对增多，待遇相对较高。越南胡志明师范大学中文系的毕业学生在试用期间的月薪就在700元人民币左右，转正之后待遇在1000元人民币以上，而其他专业的毕业学生月薪不到400元人民币。汉语专业是越南大学就业最好的专业，会汉语比会其他语种或其他专业的人更具求职的优势。社会对汉语人才的广泛需求，使汉语学习成为一些国家国民的自觉要求"[1]。外国人对汉语国际教育的态度已经明显从"被动适应"转变为"主动需求"。

回顾世界上孔子学院和孔子课堂的创建历史，我们可以清楚地发现，早期的高校合作共建的孔子学院主要集中在东南亚国家、中亚国家、东北亚国家，随后向法国、俄罗斯等欧洲国家延伸，再逐步进入美洲和非洲国家。除此之外，早期的汉语国际教育推广与国家间的经济依存度和经济发展水平相关，如美国是中国在世界上最大的贸易伙伴，泰国是中国东盟自由贸易区中与中国贸易额最大的国家，韩国也是中国较大的对外贸易伙伴等。可以说，地域上的邻近、文化上的认同、政治上的影响是制约汉语国际教育推广的重要因素。但是演进至当下，经济依存关系、地域上的远近已不再是汉语国际教育推广的核心因素，汉语国际教育由早期的亚洲国家、美洲国家逐步向大洋洲国家、非洲国家发展。

（二）汉语国际教育的内容深化

语言是文化的载体，语言和文化的关系实际是融合关系，语言推广，必然带动文化推广。在过去相当长的一段时间内，汉语国际教育的地域不受限制，而且教学的内容更多的是语言的推广，文化传播的力度相对较弱，外国对中国的文化缺乏正确、深入的了解和认识。语言不仅仅是交际工具，随着中国在国际上地位的不断提升，我们的汉语国际教育正肩负着传播中国文化、传扬中华文明、提升国家软实力的重任，这些都需要将过去传统的低水平的汉语言输出提升到汉语文输出上来，提升到中国国际形象的展示上来。中国文化具有

---

[1] 太琼娥. 汉语国际推广六大转型论析[J]. 云南师范大学学报（对外汉语教学与研究版），2009, 7(6): 65-68.

5000多年的历史，孕育了辉煌的中华文明，是人类文化宝库中十分重要的文化形态，具有巨大的魅力。文化魅力是文化软实力的前提和源头活水，提高国家文化软实力，首先必须借助语言这个载体，将汉语言传播提升到汉语言文化传播上来。

　　汉语推广与文化传播密不可分。文化是一个民族的灵魂，是文明进步的内在驱动力。从目前来看，世界各国对中国人的了解是不够的。汉语的国际推广，一方面可以让外国人从对中国语言的学习中了解中国，了解中国文化；另一方面可以通过汉语国际教育的环境氛围，逐步让外国人了解中华文明的精神实质，感受中华民族热爱和平、友善、博爱的思想行为。泰国教育部部长素维昆凯提在泰国高校的汉语教学中心成立仪式上高兴地谈道："中国在泰国传播汉语的过程中，使我们认识到了中国人的美，看到了中国的发展变化。中国在汉语国际推广中弘扬了民族精神，体现了中国文化的价值，提高了中国在世界上的影响力。"

　　只有文化大国才可能成为世界强国。一种语言被广泛接受后，以这种语言为母语的国家和民族的文明因子也会潜移默化地影响人，甚至影响政治话语权。当代中华文明发展的趋势可以简单地概括为打开国门，走向世界。打开国门，是在保持自己民族优良传统的同时，更注意吸取其他民族创造的优秀文明成果；走向世界，是指带着本民族的优良传统，融入世界文明的潮流之中。汉语国际教育的推广不是单向的，在汉语国际教育的发展历程中，也存在对传入国文化的吸收，这是一个相互学习、优势互补的双向交流。必须看到，每个民族都有自己的文化，都有自己的文明和历史，汉语国际教育不仅是一种文化的输出和文明的传扬，更是一种对等的文化交流。只有秉持"开放性地传播、包容性地吸收"的汉语国际教育理念，在汉语国际教育的过程中不断吸收异质优秀文化，包容不同文化间的不同理念、不同信仰，坚持以我为主、为我所用、辩证取舍、择善而从，积极吸收、借鉴国外文化发展的有益成果，才能更好地推动我国文化的发展和繁荣。

第三节 汉语国际教育市场分析

一、汉语国际教育市场发展的优势分析

(一) 政府政策支持

中国政府非常重视汉语国际教育工作和汉语的国际传播与推广，成立了很多致力于汉语国际传播的相关部门。1987 年，中国政府成立了"国家对外汉语教学领导小组"，简称"汉办"，并由此承办了孔子学院。教育部有国际交流与合作司，国务院下属侨办负责华文教育和华语传播，文化部也有专司文化传播的部门，这些机构都为汉语的国际传播和推广以及文化的交流与融合做出了贡献。[①]

中国国家领导人历来十分重视汉语的国际教育与传播工作。国家领导人多次参与孔子学院的授牌、挂牌仪式并做重要讲话。全球孔子学院建立 10 周年暨首个全球"孔子学院日"，国家主席习近平致信表示："孔子学院属于中国，也属于世界。中国政府和人民将一如既往地支持孔子学院发展。"

(二) 经济力量支持

在新常态的经济背景下，中国相继提出的这一系列经济战略都需要汉语和文化的支持。只有汉语的广泛传播，才能更好地在多边经济贸易中发挥语言的工具作用；只有外国人懂得中国文化，正确地认识中国，中国的对外投资、产品的对外出口才不会遭遇种种障碍，才能合作共赢，实现"一带一路"等经济战略的目标。中国经济持续稳定的快速发展，吸引了越来越多的外资企业入驻，外籍人士和来华留学生前来工作和学习。这除了受到我国经济新常态的影响外，还有世界工厂的东南亚转移及美国经济的强劲反弹等因素的影响。来华留学生人数变化与经济的发展状况是有直接关系的，经济因素在一定程度上影响着来华留学生的数量，两者之间大致呈正相关关系。经济的发展与我国汉语国际教育工作的开展有密切的关系。一方面，中外多边经济贸易的发展需要汉语这一语言工具的服务，经济的发展有利于提高汉语的使用率和普及率，从而促进汉语的国际传播与推广；另一方面，汉语的国际传播也有利于打破经济贸易中的语言障碍，促进中外多边经济合作，加强中国与世界各国的联系，有利于实现中国新型的全球化战略。因此，经济的发展是汉语国际教育市场发展的

---

① 骆峰．汉语国际传播的性质、体系和模式 [J]．汉语国际传播研究，2013(1)：1-10，217．

必要条件和力量支撑。

（三）母语环境优势

中国是世界上唯一一个以汉语为母语的国家，具有独一无二的语言环境。除了中国，任何一个国家都不能提供标准的、真正意义上的汉语学习的语言环境。因此，中国对于汉语国际传播有独特的母语环境优势，同时，汉语也具有独特的语言魅力。从九大语系的划分来看，汉语属于汉藏语系，无论是从语音、词汇、语法，还是汉字书写上，都与其他语系存在巨大的差别，甚至与汉语极具历史渊源的日语及朝鲜语都与汉语有很大的差异。所以，世界上没有任何语言可以替代汉语学习。外国人士要想学好汉语，最好的方法就是来到中国学习和生活，或者在世界各地的孔子学院参与正规、地道的汉语学习。在中国学习汉语的来华留学生和外籍人员，是我国汉语国际教育市场的重要组成部分，为汉语国际教育市场带来巨大的发展空间。汉语独特的语言环境应该成为我国发展汉语国际教育、扩大汉语国际传播的又一大优势。

二、汉语国际教育市场发展的机会分析

（一）中国国际地位的提升

中国是世界上最大的发展中国家，是联合国常任理事国。随着中国综合国力的不断提高，中国在国际上拥有越来越多的话语权，国际地位也在不断提升。从之前的介绍中可以看到，我国政府对汉语国际教育的重视和中国经济力量崛起是对汉语国际教育发展的强有力的支持。此外，中国文化在全球范围内的影响力也越来越大。2008年中国举办了第29届夏季奥运会；2010年中国举办了世博会；2022年中国将在北京和张家口举行冬奥会，这些盛会都是将中国文化推向世界的重要途径，也获得了全世界对中国文化的关注和认可。另外，全世界掀起了汉语学习的热潮。俄罗斯、柬埔寨等17个国家纷纷在中外联合声明和公报中要求办好孔子学院，开展汉语教学。美国犹他州和特拉华州联合撰文，呼吁汉语成为美国年轻人的必备技能。除此之外，中国还与许多国家互办了"文化年"活动，如2015年中英共建"中英文化交流年"，2016年的"中美旅游年""中埃文化年"，以及中国与拉丁美洲和加勒比地区举办的"中拉文化交流年"等，都是中国文化影响世界的例证。

中国国际地位的不断提升对于发展汉语国际教育市场来说是一个机遇，这将在一定程度上拓展汉语国际教育市场，促进汉语国际传播的发展。

（二）"一带一路"倡议

2013年9月和10月，国家主席习近平在访问中亚和东南亚时分别倡议建

-37-

设"丝绸之路经济带"和"21世纪海上丝绸之路",简称"一带一路"。"一带一路"倡议主要覆盖65个国家,涉及约4亿人,占全球人口的63%,经济总量约21万亿美元,约占全球经济总量的30%,是目前世界上跨度最大、覆盖面最广的新兴经济带。

4年来,全球100多个国家和国际组织积极支持和参与"一带一路"倡议;联合国大会、联合国安理会等重要决议也纳入"一带一路"倡议内容;中国同40多个国家和国际组织签署了合作协议,同30多个国家开展机制化产能合作。2014—2016年,中国同"一带一路"沿线国家贸易总额超过3万亿美元;中国对"一带一路"沿线国家投资累计超过500亿美元;中国企业已经在20多个国家建设了56个经贸合作区,为有关国家创造近11亿美元税收和18万个就业岗位。

"一带一路"倡议要求政策沟通、设施联通、贸易畅通、资金融通、民心相通。实现这"五通"的基本前提是要"语言通",因此,汉语的国际传播具有巨大的发展空间。汉语国际传播必须紧紧抓住"一带一路"的现实机遇,借力中国与"一带一路"沿线国家经济贸易的密切合作,顺势发展。

长期以来,人们都低估了文化交流在国际合作中的作用,将其看作政治、经济交流后的"附属品"。而实际上,文化在国际合作中的桥梁作用是其他要素无法替代的。2014年,"丝绸之路:长安——天山廊道的路网"成功入选《世界遗产名录》,涉及3个国家33处遗迹,中国占了22处。"丝绸之路"的成功申遗,让古老的丝绸之路重焕生机,有利于促进中国与周边国家乃至世界文明间的沟通和交流。目前,我国正在大力推进与"一带一路"沿线国家的"文化年""旅游年"等文化活动。例如,2016年为"中印旅游年",举办了"中印旅游交流论坛""中印旅游展览"等多场文化旅游活动。总之,"一带一路"倡议促进了中国与沿线国家间的文化交流,而文化传播以语言为载体,各国文化间的沟通与交流必然带动汉语的国际传播与推广。

(三)"一带一路"建设中汉语国际教育的作用

1. 为推进"一带一路"建设提供国际化人才培养路径

"一带一路"策略的实施,需要大量经贸合作的国际化人才,而汉语成为这一策略中的关键语言。汉语国际教育能为"一带一路"建设培养三个层级的国际化人才:

一是通用汉语人才。培养目标是能理解与日常生活和工作相关的,以及在一般交际场合中遇到的基本语言材料;能对熟悉的话题与他人进行沟通和交流;能用汉语满足基本的交流需要。

二是复合型汉语人才。培养目标是既懂汉语知识又懂专业知识的复合人才，也就是"语言+专业（工程技术、商贸、法律、文化艺术、政治等）"的复合型人才。

三是高级汉语人才。培养目标是精通汉语，对中国国情和文化有深刻的理解和掌握，能够进行各专业领域分析和研究的"中国通"和汉学家。

2. 为推进"一带一路"倡导的"五通"提供语言、文化服务

"一带一路"倡导的"五通"，即政策沟通、设施联通、贸易畅通、资金融通和民心相通。在"一带一路"的建设过程中，相应的政策协商、贸易往来、设施建设等，都需要汉语的辅助，准确、恰当的语言沟通将为经济互惠铺路搭桥；同时，"一带一路"也是各国文化相互交流的新平台。发展战略建设的成功更多地依赖于中国与世界的关系、中国人民与世界人民之间的相互理解，没有对相互国情和文化的理解，基础设施建设、跨国贸易、资金流通、政策沟通等方面就都会面临困难。无论是学习各国文化，还是宣传中国文化，要想真正实现表情达意、民心相通，把握好各国语言及汉语的载体作用非常重要。因此，汉语国际教育在实现"五通"的过程中一定会大有作为。

综上所述，"一带一路"的建设赋予汉语国际传播新的内涵和动力，为汉语的国际传播提供了不可多得的历史机遇，形成新的传播途径。当前汉语的国际传播应该借助"一带一路"的倡议，搭上"一带一路"经贸发展的"顺风车"，努力培养产业经济合作所需要的高端汉语人才，提高企业的语言竞争力和国际化能力，推动汉语在"一带一路"沿线的传播，加快汉语国际化的进程。

（四）教育市场向多元化发展

中国的教育市场本身就是一个动态的、不断变化的发展过程，从无到有，从少到多，从小到大，从简单到复杂，从单一到多样化，从区域性、地方性到跨省乃至跨国界。汉语国际教育市场作为中国教育市场的一部分，自然也受到这种客观规律的影响。在发展中顺应这种多元化的发展变化趋势，这就使得汉语国际教育的市场具有更大的发展空间和潜力。例如，孔子学院就是我国汉语教育市场向海外扩展的重要途径，是汉语国际教育市场全方位发展的重要一环。教育市场的多元化发展有利于汉语国际教育市场的规模不断扩大，教学品质不断提高，品牌效应不断增强。

（五）汉语国际教育网络教学的兴起

目前，汉语国际教育网络教学主要依靠网站，综合利用文字、图片、动画等多媒体素材，由网站专业人员开发课件，将课程生动地展现给学生。根据网

站的规模,可将汉语国际教育网站分为大型网站和中小型网站。

第一,大型汉语教学网站,如汉语网、网络孔子学院、网上北语、长城汉语等。这类网站资金雄厚,有固定的师资团队,甚至有开发软件的技术团队,可提供多语种版本,板块众多,数据库丰富,学习资源种类多,涵盖面广,信息更新快。网络课程主要通过视频与音频的形式展开,分为入门、初级、中级、高级等级别,还有中国文化教学、中华诗词教学等特色板块,内容丰富,趣味性强。大部分网站有很多免费资源供学习者在线学习或下载,如汉语词典、中文语料库、中华诗词等语言工具书,以及汉字练习、在线听读、测试题库等学习软件。

第二,中小型汉语教学网站。这类网站主要由私立公司创办,规模一般都不大,如中文在家、活动全球语言社区等。这些中小型汉语教学网站的在线教学形式主要是提前录制好课程视频放在官网上,或者通过网络直播软件来实现现场教学。这类网站基本上会赠送一次试听课,然后由学生根据实际情况,自主选择相应的课程,其主要优势在于上课时间和地点可以自由选择,让远离中国的学者也可以注册学习。能够实现与对外汉语教师的实时交流,灵活性大,费用相对于面授课程来说也要低很多,具有很大的价格优势。

目前,世界上不少国家的学校采用了网上教学,为网络汉语教学带来了一个历史性发展机遇。尤其是国内开展留学生汉语教育的高校,纷纷开展了多种形式的网络汉语教学,或采用已有的网络汉语精品课程,或采用网络直播,或采用录播等形式开展教学,可以说在一定程度上推动了网络汉语教学的发展。

第二章　高校汉语国际教育的综合效应

作为汉语国际教育的重要实施载体，高等学校汉语国际教育在当前形势下机遇与挑战并存，问题与不足同在，构成了一个优势、劣势、机遇与挑战并存的多元共同体。从优势上看，高等学校在开展汉语国际教育方面具备较高的师资水平，拥有汉语国际推广的长期历史积淀，具有相对完备的汉语推广人才培养体系；从劣势上看，高等学校汉语国际教育的办学历史相对较短，其发展受到多重因素制约，涉及汉语国际教育发展的一些问题尚未完全达成共识。从机遇上看，当前高校汉语国际教育具有"国家汉语国际推广的契机，世界政治、经济一体化的发展契机和高等教育全球化的契机"；从挑战上看，汉语国际教育在高校尚未形成完备的学科体系，专业化的师资队伍发展仍旧不足。不仅如此，教育教学的规范化及适应性问题也在相当程度上给汉语国际教育的发展带来挑战。本章基于高等学校这一汉语国际教育主体，对其汉语国际教育发展做SWOT分析。

第一节　高校汉语国际教育 SWOT 分析

SWOT 分析方法是一种企业内部分析方法，即根据企业自身的既定内在条件进行分析，找出企业的优势、劣势及核心竞争力之所在。S 代表 Strength（优势），W 代表 Weakness（弱势），O 代表 Opportunity（机会），T 代表 Threat（威胁），其中，S、W 是内部因素，O、T 是外部因素。按照企业竞争战略的完整概念，战略应是一个企业"能够做的"（组织的强项和弱项）和"可能做的"（环境的机会）之间的有机组合。本处所做的 SWOT 分析，将劣势与挑战结合起来，侧重从机遇、优势和挑战三个方面展开具体分析。

一、高校汉语国际教育的优势

（一）高等教育规模及经济发展水平明显提高

对高等学校汉语国际教育优势的分析，有助于找准高校汉语国际教育工作的着力点，更好地发展汉语国际教育。在当前形势下，我国不断增长的经济实力、文化实力和高等学校的学科优势都是推进汉语国际教育不断发展的有利条件。本节从一般性和特殊性两个维度展开，在一般性上，围绕高等学校的规模及经济发展水平提高、我国的地缘及语言文化的影响力增强两方面进行高校汉语国际教育的优势分析；在特殊性上，通过对高校自身实施汉语国际教育的基础条件和发展前景进行分析，比较国内外实施汉语国际教育的不同类型，进一步提炼高校开展汉语国际教育的相对优势。

高等学校汉语国际教育的发展，既与自身的内部要素相关，又与外部环境密切相连。从外部来看，一国的经济发展水平、文化实力、语言特色、国际环境等各要素都会影响其汉语国际教育事业的发展；从内部来看，高校自身的综合实力也会影响汉语国际教育的发展。我们首先从外部及宏观方面展开分析。

从经济学的规模效益（优势）理论来看，在一定范围内，企业可因生产规模扩大而使单位产品所需的生产成本降低。将这一理论引申到高校汉语国际教育的规模效应中，我们不难发现，在现有的汉语国际教育发展承载力水平下，只有最大限度地切实运用并发挥好高校汉语国际教育现有的基础条件，才能使高等学校在汉语国际教育中人尽其才、物尽其用，才能以最小的投入获得汉语国际教育的最大效益。具体来看，我国高等教育自1978年全面恢复发展以来，经过40余年的发展，现已成为世界上高等教育规模最大的国家。不仅如此，我国的来华留学生教育也取得了很大的进步，如果按外国留学生比例占全部在校大学生的百分比计算（国际化大学的外国留学生的比例一般为10%~20%），我国发展来华留学生的潜力相当大。以此来看，我国庞大的高等教育规模完全可以适应招收大量的来华留学生的需要，在思想上增强规模效应的观念，在行动上加大相关措施的实施力度，力求实现来华留学生招生的跨越式发展。这不仅有利于形成规模经济，还能有效地降低教育成本。可以说，我国现有的高等学校发展规模、高等学校办学体系已经完全具备条件，在重视汉语国际教育质量的前提下，着力于汉语国际教育的招生数量增加，逐步形成相对的规模优势。

在高等学校的框架内探讨汉语国际教育发展问题，来华留学生教育是一个不容回避的议题。世界各国留学生教育发展的事实证明，一国经济的发展是吸引大量外国留学生的先决条件之一。美国学者坎明斯认为,国家的经济发展和依从国际贸易的程度与派遣和接收留学生的数量、规模相关。改革开放40多年来,我国保持了国民经济的快速增长,尤其是近年来,年均国民经济增长更是保持在10%左右,综合国力大幅度跃升。在强势经济增长的背后,无数的跨国公司、企业纷纷来华投资,各种非官方的经济贸易往来不断向纵深发展,在相当程度上刺激、吸引了一大批外国学生来中国学习,以了解我国的语言、文化、政治、法律、贸易等。与此同时,经济实力的增强也在相当大程度上带动了高等教育的发展,促进高等学校办学硬件、软件条件的改善,极大地提升了我国高等学校汉语国际教育的生态承载力。

(二)我国的区位及语言文化的影响力不断增强

高等学校的汉语国际教育以来华留学生教育为重要组成部分。从世界范围来看,接收外国留学生比较多的一些国家,它们的留学生来源都以周边地区和国家为主,与本国的综合国力和国家间经济贸易往来密切相关。美国的外国留学生多数来自隔海相望的亚洲地区,亚洲国家留学生占其外国留学生总数的61%;德国、英国的外国留学生主要来自欧洲地区,分别占其外国留学生总数的46%和47%;法国有52%的留学生来自隔海相望(地中海)的非洲国家;日本来自亚洲地区国家的留学生数则高达89.5%。虽然很早以来日本就努力向西方学习,但是其外国留学生的生源还是绝大部分来自亚洲国家。一些接收外国留学生相对较多的发展中国家也是如此,如非洲的南非共和国、南美洲的阿根廷等国家,在这些国家学习的上万名外国留学生多数来自其周边地区和国家。

以此来看,中国具有绵延万里的国界线,在陆地上与十几个国家接壤及相近。在今天全球经济一体化的时代背景下实施汉语国际教育,可谓得天独厚的地缘区位优势。

语言是开展留学生教育的重要环节和基础。世界上接收外国留学生前10名的国家,除了美国、英国、加拿大、澳大利亚4个国家使用的语言是国际上通用的英语外,其他6个国家各自使用的语言分别为德语、法语、俄语、日语等。语言的通用程度、强势与否,直接对吸引留学生产生影响。当下,汉语的语言地位无疑得到了极大的提升,同时也被世界上为数众多的国家和民众所接受、认可。美国《时代》周刊载文称:"在20世纪掌握英语是领先一步的关键,而到了21世纪,掌握汉语则成为占据优势的体现。在亚洲、欧洲和美国,汉语已成为一门新的必须掌握的语言。"那么,在开展汉语国际教育的过程中,我们究竟有什么样的语言优势?有研究者指出:"在世界语言之林中,汉语的优势之处主要有三：其一是人口优势。据估计，海内外以汉语为母语的大约有14亿人，是世界上使用人口最多的语言之一；其二是文化优势。汉语负载着最为悠久的对世界充满魅力的中国优秀文化；其三是潜在的经济价值。中国综合国力和国际地位明显提高，使汉语具有重要的经济意义，美国等许多国家已把汉语作为主要外语纳入国民教育体系，世界上约有2500万人在学习汉语。"事实上，世界上的汉语使用者，不仅是中国境内的人群，还有广泛分布于世界各地的华人、华侨，以及东南亚部分国家的华裔族群……世界上有如此多的人在使用汉语，说明汉语的使用是有基础的，是有广泛的运用人群和发展空间的。汉语所承载的是作为传统文明古国——中国五千年的历史文化和文明传统。儒家思想、墨家思想、道家思想、法家思想等，其文化价值不可估量。随着中国的发展进步，汉语本身的经济价值与学习汉语的预期收益也越来越大。除了直接的汉语使用人群外，当下数以万计的汉语学习者群体本身也是一种无形资源，这些都是我国高等学校开展汉语国际教育的有利条件和优势所在。

优势是相对而言的。同样，高校发展汉语国际教育的内部优势，也应通过与其他形式的汉语国际教育比较方能凸显。从高校内部自身条件基础及现实发展审视，高等学校是汉语国际教育的一种重要载体。与国内外实施汉语国际教育的不同类型相比，高校汉语国际教育主要有如下显著优势：

1. 高校构建了汉语国际教育的体系

长期以来，在高等教育国际化的发展进程中，高校之间的国际合作、学术交流日趋频繁，对外汉语教学专业明显增加，高校发展汉语国际教育的热情越来越高涨，汉语国际教育已经成为高校人才培养的重要组成部分。

首先，从高校汉语国际教育的教学队伍来看，高等学校汉语国际教育一般设在高校的对外汉语教育学院、国际语言文化学院、留学生教育学院、华文学院、留学生学院等机构。从国内高等学校的普遍情况来看，这些学院往往都有长期从事对外汉语教学的经验，有相当一批经验丰富的汉语教师队伍，其在教学组织、教学方法、教学模式等方面具有相当丰富的经验。不仅如此，从2007年国务院学位委员会明确提出汉语国际教育这一提法，并确立北京语言大学等部分高校为首批汉语国际教育硕士专业学位教育单位后，这些高等学校通过升级、改制、调整、补充等方式，增补、新进一批较高水平的对外汉语教学从业人员，其师资水平得到了较大程度的提升。先期开展汉语国际教育的高等学校中，还有相当大的一部分留学归国人员、具有海外进修和研修经验的人员，汉语国际教育师资队伍的学历层次、研修经历相对较高。从作为汉语国际教育另一重要形式的孔子学院/孔子课堂来看，其师资大多由汉语志愿者组成,而这些志愿者大多具有相当高的外语水平,并已取得了汉语国际教育教师资格证。

其次,从汉语国际教育的管理队伍来看,高校在长期的留学生教育实践过程中,积累了丰富的留学生教育与管理经验。从当前国内开展汉语国际教育的高等学校来看,其大多具有一支专业化的汉语国际教育管理队伍(或对外汉语教学管理队伍)。这些队伍在处理日常的汉语国际教育学生学籍管理、生活管理、招生管理、心理健康管理、宿舍管理、校园文化管理方面具有非高校汉语国际教育管理队伍所不可比拟的优势,并且学校的文化及学术氛围为接受汉语学习的留学生创造了良好的发展环境。

最后,从汉语国际教育的硬件设施来看,汉语国际教育作为一种特定教育,更需要相应的办学设施、办学硬件条件支撑。在国外,孔子学院大多以国外高等学校为承载平台,但它相对来说也是一个独立的体系,并具有固定的完备的办学资源和办学设施。尽管在国外各高校的重视程度存在差异、发展不平衡,但实施汉语国际教育的条件在当地相对来说还是比较优越的。在国内,各高校都着眼于与国际接轨,对承担汉语国际教育任务的教学组织机构都尽可能提供独立的完整的办学场所,配备了教学设施,完全能够满足汉语国际教育人才培养的需求。

2. 高校具有对外汉语教学的长期历史积淀

从内容上看,高等学校的汉语国际教育可追溯到 20 世纪 50 年代的向东欧国家派遣留学生和接收相应的交换生的活动。在长达半个多世纪的历史演进中,高等学校长期扮演着对外汉语教学实施载体的角色;而到今天,虽然其在名称表述上有所变化,在内容上有所扩展,但高等学校仍旧是汉语国际教育的重要载体。虽然今天的汉语国际教育的内涵发生了深刻的变化,国外汉语学习环境的不确定性、汉语辐射的非适应性仍是汉语国际教育需要考虑并亟待解决的问题。但我们也应该看到,高等学校长达半个多世纪的对外汉语教学经验、教育体系、师资队伍理论研究,无疑都能在相当大的程度上为今天高等学校的汉语国际教育发展提供持续的支撑。在教学方法上,国内绝大多数高校形成了一套稳定的、相对科学的对外汉语教学方法(教学实习法、教学参与法等);在办学体系上,经过数 10 年的发展,对外汉语教学已经形成了一套较为完备的人才培养体系,其学科建设也日渐走向成熟,汉语国际教育作为一门学科,其也被纳入中国语言文学下面的二级学科中;在师资方面,越来越多的高等学校有计划地将对外汉语教学从本科生培养阶段提升到硕士研究生培养阶段,并通过国外进修、定向培养等方式使对外汉语教学专业的师资水平不断提高,基本上保证了对外汉语教学师资队伍的高素质和专门化。

　　汉语国际教育是一个从简单的汉语识字到高水平的汉语理论研究的完备汉语教学体系，这就决定了汉语国际教育需要不断完善人才培养体系。非学历阶段的汉语国际教育的教学目标、教学要求、教学方法、教学手段、教学材料与学历教育阶段是不同的，其各自的人才培养体系也是有所差别的。针对高等学校的汉语国际教育而言，这两种类型的汉语国际教育是其主要组成部分，在长期的对外汉语教学实践中，针对不同类型、不同层次、不同对象，组织开展"以长城汉语为主的多媒体汉语教学课程及其他汉语学习课程；开展各类中文教师培训并组织实施汉语作为外语教学能力认定测试；建设中文图书馆并提供中文资料查阅服务；组织开展汉语和中国问题研究等学术活动；组织为推广汉语和传播中国文化的展览、演出或竞赛活动；组织实施汉语水平考试（HSK）及开发实施其他适合当地需求的汉语考试；提供留学中国的咨询服务；推介中国的各类文化产品（如图书及音像制品、传统艺术品、纪念品）等"教育活动，这些措施和做法已在汉语国际教育中得以充分体现。可以说，高校在汉语国际教育的人才培养方面已奠定了坚实的基础，并取得了显著的成绩。

二、高校汉语国际教育的机遇

　　在经济全球化、世界文化多元化进程不断加快的背景下，随着我国综合国力和国际地位的提升，汉语作为各国了解中国的重要工具和文化载体，受到了越来越多国家和政府、教育机构、行业及大众传媒的重视，汉语的实用价值不断提升，尤其是商务、旅游汉语方面的需求增长迅速。我国加入WTO，成功举办北京奥运会、上海世博会等都进一步带动了国际汉语热。这些都为汉语国际教育提供了难得的战略发展机会和广阔空间。

（一）中国经济高速发展的契机

　　从国际上看，当今世界各个国家都注重本国语言文化的推广，在追求国家经济高速发展的同时，大多也加大投入进行语言文化的输出，力求在国际事务中显示自己的地位和作用。部分国家还将语言文化输出作为国家发展战略，千方百计地提高本国语言的国际地位。英、美等国家投入巨资，通过各种方式推动英语在全世界的普及；法国坚持把推广法语作为抗衡英语、宣传法国文化的战略重点，在138个国家设立了1000余个法语联盟分部；德国歌德学院在76个国家设立了分部。显然，在国际事务交往中，由于经济、政治交互的需要，一个国家经济社会的发展往往也会促使文化形成一定的"扩散效应"，在持续产生文化外溢效应的同时，也相应提高了语言文化的国际影响力。

自改革开放以来，我国经济保持了持续快速增长的势头。综合国力和国际竞争力不断提高，在国际政治、经济、文化等领域的地位和作用备受关注，得益于经济全球化的推动，中国经济乘势而起，创造了令人瞩目的奇迹。中国经济的快速发展，已然成为推动世界经济和贸易增长的火车头之一。2008年发生全球金融危机之后，促使中国能在国际组织中发挥更大的影响力，并在利用中国外汇盈余加快全球经济复苏的同时，使汉语国际传播迎来新的机遇。在国际贸易、全球化市场雏形渐显之时，中国把握良机，实行改革开放，吸引外国制造商来华投资建厂。低廉的劳动成本使外资蜂拥而入，中国则凭借外国的资金资本、技术资本和人力资本，迅速成为世界工业产品生产基地。随着2008年全球经济的衰退，中国积极扩大内需，逐渐内化为一个庞大的消费市场，并在世界经济舞台上主动善尽国际成员的义务。在积累改革开放30年建设成果的基础上，中国开始从资本、技术输入国转型为经济输出国，进一步增加自己的世界影响力。近年来，中国在海外投资的规模和范围日渐扩大，人民币汇率走势的升降对全球宏观经济也产生了影响。中国持续的经济发展和潜在的内部市场需求，推动了各国与中国的经济交互与贸易往来。语言作为最基本的沟通、交流纽带，其运用的领域、交互的范围都比过去更为广泛，中国文化的"扩散效应"逐步形成。这在相当大的程度上为高校汉语国际教育的发展创造了难得的机会。

（二）汉语国际传播的基础

汉语作为世界上使用人数最多的语言，汉语的全球化与中国的国际交往是紧密联系的。一方面，外国与中国在政治、经济、文化等方面的合作与交互带动了汉语的国际推广；另一方面，中国在融入世界舞台的过程中，也有力地促进了汉语的多元交互。据不完全统计，世界上近200个国家和地区都有华人和华侨的分布。截至2010年，全世界的华人、华侨总人数超过3000万，他们分布在世界各大洲，分布相对集中。例如，在国外的唐人街、华人社区等有大量华人、华侨聚集，他们在国外生活和发展事业的过程中，发挥了自然传播汉语的作用。从内部群体的语言交互来看，汉语作为华人、华侨的母语，有华人、华侨分布的地方，就有汉语的使用和传播；从华人、华侨群体的外部交往来看，华人、华侨在国外必然要与外部人群进行相应的交际，而汉语无疑又在这一过程中进行无形地扩散与传播。此外，从国际政治交往的角度来看，中国目前已经同世界上173个国家和地区建立了外交关系，综合考虑国家邦交过程中的政治往来、双边贸易、多边贸易、文化交互等相互影响，以及中国与联合国、世界贸易组织、世界卫生组织、世界银行等国际组织互联过程中汉语的传播与使用，汉语的全球化无疑已经成为一种不可逆转的趋势。

汉语使用的国际化程度的提高，给高等学校的汉语国际教育发展带来了重要契机。在过去的30年，汉语国际传播无论是在中国境内还是在境外都得到了蓬勃的发展。以1997年为例，世界各国在中国境内的留学生仅有43 000人左右；而到了2005年，中国境内的各国留学生规模超过了14万人；截至2009年年底；在中国境内的外国留学生超过了17万人。与此同时，境外汉语（文）学习的人数也在不断增加，成立于1987年的世界汉语教育学会目前有来自42个国家的1135个注册会员。全球把汉语作为外语学习的大学生人数及参加汉语水平考试的考生人数均在过去几年得到了快速增长。

此外，在汉语全球化发展的时代背景下，中国"和平发展"的外交战略也为汉语国际推广提供了宝贵机遇。从2004年起，由国家汉办推动，在世界各地建立了几百所孔子学院。孔子学院的建立在某种程度上参照英国文化协会、德国歌德学院及法语联盟的模式，致力于传播中国语言文化、支持当地汉语教学。在汉语国际教育发展的同时，汉语的国际地位逐步提高，世界许多国家的政府或民间团体也意识到汉语的未来前景，认为汉语是"带来发展机遇的语言"，开始鼓励或认可本国人民学习汉语。美国官方制定了一系列的方案和计划，其中包括"国家语言旗舰项目"（National Flagship Language Initiative），该项目将汉语列为"急需语种"。2006年，美国大学理事会（College Board）正式设立AP中文课程，将汉语列为美国高中重要的外语课程。在其他国家也有越来越多的学校随即开设汉语课程。目前，全球以汉语作为第二语言和外语的学习者已经超过4000万人。随着国际交流与合作的不断增多，全世界学习汉语的人数将会不断增加，这为高校发展汉语国际教育提供了难得的机遇。

（三）汉语信息技术产业的发展

"信息化"这一概念最早起源于20世纪60年代的日本，而普遍使用"信息社会"和"信息化"的概念则开始于20世纪70年代。自1994年互联网进入中国以来，在信息技术发展的推动下，汉语在信息技术产业中的应用也日渐蓬勃，主要表现为汉语互联网、汉语搜索引擎网站（雅虎、谷歌、百度、搜狐等）大量出现，以及包括视窗操作系统和微软文字处理系统在内的各种主流软件都配有汉语版本。随着信息技术的不断发展和升级，计算机与英语之间原有的紧密联系被打破，互联网技术的发展冲破了地域的屏障，汉语连同其他语言得以加速发展。汉语信息技术产业发展的影响力是双重的：一方面，对使用非汉语的群体来说，汉语信息产业的发展促使人们加强相互之间的语言学习，从而可以更便捷、更广泛地使用互联网。在商业竞争日益激烈的今天，掌握熟练的双向商业伙伴语言，会取得事半功倍的效果。随着汉语信息技术的广泛应用，人们对汉语的需求会越来越高，这无形中对汉语的传播也起到了积极的作用。另一方面，对海外华人群体而言，汉语互联网科技的发展使海外华人与祖籍地、社群与社群之间的联系更为紧密，成为汉语传播的另一途径。此外，在信息化发展的过程中，汉语信息技术产业也得到了快速的发展。各种汉语软件、汉语影片、汉语文体演出不断地从中国走向世界，深入世界各地。据不完全统计，仅中国对外演出公司在2003年一年就接待美国艺术团体和个人34次共1623人，中国观众近50万人次；向美国派出160次共3436名艺术家，在美国850余个城市和地区演出15000余场，观众超过2050万人次。中央电视台开通的英语频道、法语频道、西班牙语频道，有效增进了世界各国对中国的了解，在一定程度上也激发了他们学习汉语的积极性。信息社会的发展，既提高了国际合作与交流的效能，又为高等学校汉语国际教育的发展提供了广阔的空间。

三、高校汉语国际教育的挑战

近年来，汉语国际教育无论是在质量上还是在规模上都取得了较大发展，然而，汉语国际教育仍旧未能完全适应全球日益增长的学习汉语的需求。汉语国际推广作为一项重要而且具有广阔市场前景的文化教育产业，在发展的过程中，经常会面临国际社会多种因素的影响和困扰。汉语国际教育的师资、教材的数量和质量、专业化程度等，都对高等学校汉语国际教育的发展提出了挑战。

（一）汉语国际教育学科体系的完善

从当前高等教育学科目录来看，汉语国际教育在2008年被纳入"中国语言学"下的二级学科。针对学理研究而言，任何一门成熟的学科都是一个具体的科学知识分类，都有自己独特的研究内容、研究对象，有自己相应的研究方法和完备的理论体系。截至目前，汉语国际教育在研究内容、研究对象、研究方法、理论体系方面还存在诸多不完备之处，这些都是汉语国际教育学理论研究需要进一步探讨和解决的问题。在一般意义上，成为一门学科需要具备几个必要的条件：第一是要有专门的研究人员（队伍）；第二是要在高等学校开设课程（相关专业）；第三是要有专门的学术刊物；第四是要有专门的学术团体（学会）。这种观点得到了绝大多数人的认可。当前，国内对学科的认定与此大同小异。尽管国务院学位委员会已经批准将汉语国际教育纳入中国语言文学下的二级学科，但以此作为衡量基准，相较其他传统成熟学科，汉语国际教育的学科建设尚需不断加强和完善。

（二）汉语国际教育教材及教学方法的适应性

教材是教学内容的重要表现形式，其在相当程度上担负着汉语国际教育"教什么"的问题。近年来，虽然国家有关部门组织了大批人力、物力和财力编写了大量的汉语教材，但从总体上看，距离现实需求还有一定差距。语言是文化传承的载体，在一定程度上内含特定的民族文化、民族心理和民族感情。不同的语言，其背后必然有不同的民族文化、民族心理和民族感情；而不同的文化又可能导致习俗的差异、行为方式的差异；不同的民族心理则可能导致价值观的差异、思维模式的差异；不同的民族感情则可能导致对同一事物的不同态度（对汉语、对中国文化的不同态度）。这样一来，汉语国际教育在不同的国家和地区，针对不同国家和地区的学习群体也应该有不同的表现形式、不同的组织模式、不同的教学内容及不同的教材样式。

然而从现实来看，现有的汉语国际教育教材虽在这些方面有所考虑和涉及，但其对不同文化、不同民族、不同经济发展水平、不同信仰、不同价值观的汉语学习人群的针对性还有较大上升的空间。例如，在东南亚国家的汉语国际教育教材与在非洲国家的汉语国际教育教材理应有所差别，在美国的汉语国际教育教材与在俄罗斯的汉语国际教育教材也应有所差别，且这种差别不应该仅仅体现在编排体例、语言规范上，而应该体现在内容构成上、思维方式上和价值导向上。不仅如此，汉语国际教育的开展形式具有多样性特点，其并没有明确规定修业年限、修业层次和修业水平。从高等学校的汉语国际教育来看，其既可以是学历教育，也可以是非学历教育。所以，针对不同层次、不同修业年限、不同教育形式的汉语国际教育学习者，其教材的难易程度、教学的内容也应该是有所差异的。此外，从教学方法来看，汉语国际教育针对不同语言背景、不同文化心理、不同学历层次的人群来进行，那么在这些人群不同的行为习惯、不同的思维方式的基础上，其教学方法也应该针对不同的学习对象进行选择性使用。对于汉语国际教育的初学者，他们更多地还处于简单的汉语的"听、说、读、写"阶段，故而也就需要用讲授法、练习法，让学生进行多次重复的演练，或者通过观看电影、电视等形式，让学生融入中国文化的语境进行学习；而对于那些进行汉语（文）研究的较高层次的学历教育者，则又应该多运用学术辩论、研讨等方法。显然，汉语国际教育中的教材针对性和教学方法适应性是当前业内关注的热点问题，也是化解汉语学习难的重要问题，迫切需要我们在实践中探索解决。

（三）汉语国际教育专业化师资队伍的建设

教师队伍建设是汉语国际教育发展的重要内容。汉语国际教育发展的现实运营表明，师资队伍缺乏是汉语国际教育迈向纵深发展的"瓶颈"问题（汉语国际教育人士专业学位教育正是在这一背景下产生的）。从早期的对外汉语教学来看，虽然其师资队伍已从发展初期的 67 人发展到 20 世纪末的专职教师 2500 多人（兼职教师三四千人），教师队伍的素质也在总体上得到了很大的提高其中有相当部分为教师，从事对外汉语教学工作数 10 年，具有丰富的教学实践经验，并在对外汉语教学过程中取得过一定的教育研究成果。但从发展的角度来看，今天我们所说的对外汉语教学的内涵已发生了变化，对外汉语教学作为汉语国际教育的一个组成部分，随着汉语国际教育硕士专业学位教育、来华留学生汉语教学、孔子学院（孔子课堂）形式的汉语教育的发展，对外汉语教学的师资在总量上是不足的，在适宜性上是有所欠缺的，在专业性上是有待提升的。

据有关部门的统计和预测，当前全世界学习汉语的人数已经突破了 1 亿人，但是真正具备汉语国际教育能力的、获得专业的汉语国际教育资格的教师仍旧是不足的。从高等学校专职的汉语国际教育教师来看，现有的专职教师队伍中，其学历背景、学科结构仍旧还存在诸多不合理之处，其应对新时期、新形势下的汉语教学能力仍旧需要进一步提升。对非本学科出身的新教师需要进行业务培训，使他们尽快地熟悉本专业所需要的知识，并掌握对外汉语教学的原则和方法。即使是对于那些业务知识和教学经验都比较丰富的教师来说，也存在知识更新的问题，而海外的很多汉语教师也迫切希望了解我国对外汉语教学的理论与实践。因此，国内对外汉语教师的培训仍是一项重大的任务。

汉语国际教育是一个新的名称表述，同时也是一个新事物，还存在诸多需要规范的问题，如内容上的规范、名称使用上的规范、教学模式上的规范、教材建设和教材选择上的规范、教学效果评价和评价标准构建上的规范。上述诸多问题是汉语国际教育发展面临的挑战，也是高校发展汉语国际教育的理论与实践探索问题。

第二节 高校汉语国际教育的全局效益

一、高校汉语国际教育的文化效益

汉语国际教育既是汉语文的教学活动，也是一项文化性极强的工作，它担负着传播中国文化、传扬中华文明、增值中国文化的重要使命。高等学校作为汉语国际教育的重要载体，其具有"构建有效的话语系统、平衡世界文化生态、激活中国传统文化"等方面的文化责任。

（一）教育的文化效益与汉语国际教育的文化效益

教育效益，一般而言，指的是教育所培养的人才对社会所产生的效果和利益。社会和个人是教育效益的两个受益主体。从社会方面来看，教育可以通过多个受教育者个体的总和发展，为社会创造更多的物质财富和精神财富，通过直接的人文教化作用，润滑社会有机体，共同作用于社会的发展和进步；从个人方面来看，社会个体可通过接受教育来增加知识和技能，提高劳动者素质，增值劳动者身上所凝结的人力资本，最终通过就业市场的价值评判和报酬给付来获得个人收益。无论是个人还是社会，它们通过教育所获得的收益，既可能是直接的，也可能是间接的。教育的直接效益，一般称为"教育的内生效益"，即通过教育对受教育者的作用而直接在受教育者身上获得增进和增长的能力所表现出来的收益；教育的间接效益，亦称"教育的外溢效益"，即教育活动作用于受教育者，受教育者将这种能力再作用于他物所获得的收益。无论是教育的直接效益还是间接效益，其都是通过多种不同的形式表现出来的，有的可能是政治上的，如"教育兴邦，文明以立国"；有的可能是经济上的，如"知识是第一生产力"；有的可能是文化上的，如"教化万民而天下兴"等。可以说，教育不仅具有经济效益，还具有社会效益和文化效益。

教育的文化效益，简单来说，就是受教育者个人、由多个受教育者个体组合的社会在文化上或文化表现上获得的收益总称。用当前较为通用的说法来概括，所谓教育的文化效益就是指"各相关教育参与者在整个教育过程中所获得的文化方面的收益，如精神文化上的收益、物质文化上的收益、行为文化上的收益、制度文化上的收益以及器物文化上的收益等"。

联系前述对教育效益与教育文化效益的梳理，我们可将汉语国际教育的文化效益理解为：汉语国际教育培养的人才对社会产生的效果和利益的总和，集中表现为受教育者在汉语国际教育过程中获得的精神文化、物质文化、行为文化、制度文化的收益的总和。在这一基础上展开，高校汉语国际教育的文化效益即可理解为：高等学校在开展汉语国际教育过程中所产生的效果和利益的总和，集中表现为高校汉语国际教育受教育者在接受汉语国际教育过程中获得的精神文化、物质文化、行为文化、制度文化的收益的总和。

（二）高等学校汉语国际教育的文化效益分析

虽然汉语早在20世纪就进入联合国规定使用的5种通用语言之列，且仅我国就有超过13亿的人在学习、使用汉语，但放眼世界，无论是在国际政治舞台上，还是经济贸易交往中，汉语的重要地位还需加强。针对汉语所创造的经济价值而言，与对外贸易的巨大顺差相比，我国的对外文化交流和传播则是严重"逆差"。针对纯粹的汉语教学而言，"汉语热"持续升温，世界各国学习汉语的人不断增多。

在今天这个所谓的"后奥运时代""全球汉语时代"，我们必须清晰地审视汉语国际教育的价值，审视高等学校汉语国际教育的文化效益，不断加快汉语的国际推广。具体来看，高等学校汉语国际教育的文化效益主要表现为以下三个方面：

1. 有利于建构有效的话语系统

语言是话语权的重要载体，在当今社会，拥有话语权就意味着个体在交往中占据主导地位。语言并不仅仅是表达意义的工具，更是意义本身。我们一再强调中国的和平崛起，强调中国的和谐文化输出。高校汉语国际教育的最重要的意义便是通过高等学校不断吸收来华留学生，让他们在中国文化的浸润中体验中国文化的情趣，感受中国文化的"仁、义、礼、智、信"和"兼容并包"。通过高等学校承办的孔子学院，不断将中国文化和中华文明带到国外去，让更多的人可以真切地感受到中国文化的博大精深，让世界上更多的人能够了解中国，了解中国语言，了解中国文化，认识并使用中国语言，学习并理解中国文化，从而更好地形成中华文明与外来文明的交互，加深中国文化与本土文化的融合，为弥合冲突、消解异质文化认同差异提供联系的纽带和认知基础。高等学校通过开展汉语国际教育，让世界倾听中国的声音，在人类共同关注的社会问题方面、在双方的核心利益问题上形成基本的文化理解，求同存异，尊重不同文化的选择和不同理念的差异，为中国融入世界、构建有效话语系统提供重要支持。

2. 有利于平衡世界文化生态

世界上任何一种语言的推广、应用乃至被接受为国际的交流媒介，其意义都远远超越语言本身，它不但可以标志世界性的"文化生态"，可以度量"硬实力"与"软实力"的互动和平衡，而且实际上已经成为"大国兴衰"的基本符号。较之军事强势和经济强势的影响周期，语言与文化强势的形成相对缓慢，却更为持久。西方发达国家的历史经验表明，一种语言与文化一旦借助"硬实力"建立起自己的影响，便在相当大的程度上延长着"硬实力"的影响周期，甚至可以在军事与经济的强势发生转移之后，反过来成为国家实力的主导性因素。例如，英国、西班牙等老牌资本主义国家在十七八世纪的殖民扩张中，广泛地在殖民地区传播和推广自己的语言文化。又如，英语则得益于老牌

-53-

资本主义国家英国的传播和美国这一超级大国的强势输出,成为当前世界上使用最为广泛的语言。而在世界上,还有超过上千种的语言只能在小范围内被认同和使用,属于典型的文化生态不平衡。

高校汉语国际教育的发展可在一定程度上改变这种世界性文化生态不平衡的现状。统计资料表明,截至2010年10月,以中国高等学校为主体,通过与国外高校、社会团体等合作共同创办的孔子学院已经遍及世界上近百个国家和地区。无论是在临近中国的亚洲国家,还是在遥远的非洲国家,无论是在发达的欧洲、北美洲,还是在相对欠发达的南美洲,汉语国际教育都在不断兴起。汉语国际教育的形式具有多样化的特征,在准入门槛、学习年限、学习时限都没有严格的标准,在学习形式、授课内容上也是丰富多样的,所有的教学形式和教学内容都以让世界了解中国、了解中国语言、了解中国文化为目的。这种低门槛准入和多元办学理念极大地加速了中国语言文化的传播。客观地说,坚持不断推进汉语国际教育,无疑可以在相当大的程度上打破当下"西方语言中心主义"的惯性,以跨文化对话的方式增进了解,消弭敌意,创造有利的国际环境,润物无声地重构"中国的文化形象"和"文化中国的形象",进而重构世界性的文化生态,规避并消除"西方标准"和"强势话语"霸权,将单向的"西学东渐"转化为中西文化互动,让中国真正发挥作为一个文明古国的文化影响,打破西方文明一枝独秀的单极文化生态局面。

3. 有利于激活中国传统文化

高校汉语国际教育,是一种推动中国文化和中华文明走向世界的教育。在汉语国际教育实施过程中,我们既要教授中国的语言,又要注重传播中国先进文化,让世人了解中国的文化,理解中国文化的价值。只有这样,汉语国际教育的功能和价值才能得以充分体现。我们常说,中国文化源远流长,中华文明博大精深。但究竟博大在哪里、精深在哪里,这就需要我们去发掘、去除传统文化中那些不适应现代社会的发展需求的认识和理念,摒弃传统文化中的某些不足和糟粕,对中国文化和中华文明有选择地加以传播、继承和发扬。这不仅是高校实施汉语国际教育的要求,还是我们创造性地传承中国文化的必然选择。在当今的全球化语境中,中国已经不再是单纯地被动卷入世界文化交互和社会生活交互中,而是一个主动融入世界、参与世界竞争的主体。因此,中国文化对世界的参与,绝非拒绝现代价值的"复古",而恰恰是要以传统文化的现代化和中国文化的世界化为前提。数百年来,汉学家和中国问题研究专家构造了形形色色的"中国形象",向社会各界和公共传媒阐述有关中国的一切,甚至在不同程度上参与所在国政府对华政策的制定,但是以往的对外汉语教学几乎从未对之产生实质性的影响。对此而言,汉语国际推广将是中国主流文化影响国外汉学的一次难得机遇,如能借此引导并整合国外大学建制内的相应资源,其潜在的作用将是难以估量的。由此,海外孔子学院的建设将不仅满足不同国家对汉语的实际需求,也会使中国文化自身得到极大的回馈。显然,高校汉语国际教育的发展需要我们去创造性地继承与发扬中华传统文化,而高等学校汉语国际教育可以在相当大的程度上激活中国传统文化。

二、高校汉语国际教育的经济效益

(一)教育的经济效益和汉语国际教育的经济效益

教育的经济效益是教育的重要组成部分,其主要指通过教育投资产出的一定质量和数量的劳动力,而这些劳动力在生产过程中提高了劳动生产率,为社会经济发展带来了利益。从教育投资来源和所获收益之间的关系角度来看,教育经济效益可分为私人经济效益和社会经济效益。私人经济效益是以个人为出发点,考虑接受教育所投资的成本与效益的关系;社会经济效益是从社会整体出发,考虑社会整体的教育投入与产出的关系。

联系上述对教育经济效益的理解,我们可将汉语国际教育的经济效益理解为:通过接受汉语国际教育(汉语国际教育学习者)产出的一定质量和数量的劳动力,以及蕴含在受教育者身上和凝结在整个汉语国际教育过程中的经济收益。这种经济效益可以是个人通过接受汉语国际教育所获得的直接和间接经济收益,如个人工资水平的提升、个人人力资本的增值等;也可以是整个汉语国际教育所创造的直接和间接的经济收益,如国家的教育投融资收益等。

(二)高等学校汉语国际教育的经济效益分析

语言是一种战略资源,是文化、经济、政治、军事的基础。汉语的国际传播可带来相关文化产业和投资贸易的快速发展,形成新的经济增长点,带动文化产业的发展。一国的语言文字,既是该国(包括文化圈国家)文化的载体,也是这个国家的政治资源和经济资源。例如,美国、英国及其他使用英语的国家,它们在世界上的文化影响力、政治影响力和经济财富与英语在世界范围的强势地位有密切关系。

1. 汉语国际教育的个体经济效益

汉语国际教育的类型是多种多样的。即便是单纯从高等学校的汉语国际教育来看,其也包含来华留学生汉语教学、对外汉语人才培养(对外汉语教学、汉语国际教育硕士专业学位教育)、高等学校承办的孔子学院/孔子课堂汉语教学等多种形式。不同的高等学校汉语国际教育形式、教育对象不尽相同。例如，来华留学生的汉语教学，无论其是学历教育还是非学历教育，他的整个教学活动都是在高等教育领域内完成的，其大多需要按照高等教育的教育规律、组织模式来开展，会有一定的修业年限、修业水平方面的规定。如规定受教育对象原有的知识水平（学历水平）、规定受教育对象的年龄、规定受教育者所应达到的修业水平等。在这一过程中，受教育者个体通过一定的教育投资获得了人力资本的增值，最简单的如掌握基本的汉语技能，以及在一定程度上了解中国的文化。这些受教育者可以将自身所掌握的汉语技能作为进入劳动力市场的工具，如为个人、公司、社会组织提供汉语翻译等，进而获得一定的报酬。此外，即使这些人不将自己所掌握的汉语技能作为一项资本拿到劳动力市场上进行交换，他们也可以通过为自己服务的方式，在某种程度上获得比那些不懂汉语的人更多的机会。提升自己的机会成本，这也属于个人接受汉语国际教育的经济效益的一部分。

事实上，在汉语国际教育的过程中，除了受教育者可以获得汉语国际教育的经济效益外，教育者也可以获得经济效益。例如，在孔子学院汉语教学中，其需要一对一、一对多或者别的一些教学形式，有受教育者就必须有教育者，受教育者为自己的学习支付一定的费用，而教育者就可以在其教学劳动中获取相应的报酬。

2. 汉语国际教育的整体经济效益

高校汉语国际教育的整体经济效益是一个复杂的概念，其中既有由多个受教育者通过一定的交互所表现出来的整体经济效益，也有施教方因为这一教育活动而获得的整体经济效益。第一，汉语国际教育的学费收入。在人力资本理论、公共产品理论、成本分担理论等理论的支持下，教育的付费行为成为一种共识。在世界上绝大部分国家和地区，每一个进入高等学校进行学习的人都需要支付一定的学费，而无论其学费是由国家的奖学金提供，还是由社会团体资助、企业支持赞助或者是个人自己支付，这一部分费用都可以形成教育提供方的一种直接经济收益。高等学校通过汉语国际教育这一教育服务方式，可以获得一定的学费收入。第二，教育是一种培养人的社会活动，而围绕这个社会活动展开，可以形成一个完整的社会分工和社会生产链条。从高等学校办学用地的征用、办学用房的建设、设备采购、后勤保障，到教职工聘任、软件建设、日常维护等，都涉及教育投资，都伴随衍生经济行为，受教育者、教育投资者都需要为此付费，这些都可以形成教育提供方的经济效益。故从总体上看，通过汉语国际教育这一事业的发展，可以带动相关产业的发展，形成一个完整的发展链条。第三，高等学校汉语国际教育学习者（来华留学生）来到中国学习，其除了必要的学习支出外，必然还涉及其他支出，如旅游消费、生活消费等。这些消费都可以归结到教育的经济效益中，这就是留学生教育又被称为"教育服务贸易"的原因。

如上是从国内高等学校接收来华留学生方面来看的汉语国际教育经济效益。如果从孔子学院这种设在国外的汉语国际教育机构来看，其也包含诸多的经济效益涉及的方面及教育各环节中所产生的经济价值等。

三、高校汉语国际教育的社会效益

(一) 教育的社会效益与汉语国际教育的社会效益

教育作为一种培养人的社会活动，其所培养的人必然要进入社会的政治、经济、文化、生活各领域，以实现其价值，还原人的社会属性。在这一点上，美国学者魏斯博洛特将教育效益分为七种：（1）直接金融效益——教育与个人所得的关系；（2）选择金融的效益——教育可增强个人的上进心和提高其抱负水平，因此，选择更多的接受教育的机会，就能获得更多的金融报酬；（3）适应能力的效益——教育可提高个人适应技术变迁的能力；（4）非市场效益——个人因接受教育可提高处理自身事务的能力；（5）家庭效益——以受教育者的家庭为中心所受个人教育的影响；（6）就业的效益——受教育者对同事的工作所产生的积极影响，以及促进工作环境及工作关系的和谐等；（7）社会效益——受教育者可成为国家优秀的公民、有效的生产者，进而促进国家经济的增长与社会文化的发展。按照魏斯博洛特的观点，在上述七种教育效益中，前四种属于经济效益，后三种属于社会效益。简要来说，凡是教育产生的效益由私人享有的，即属于教育的私人效益；凡是教育产生的效益由社会多数人享有的，即属于教育的社会效益。

将这种理解与汉语国际教育联系起来，我们会发现，通过汉语国际教育，受教育者一方面可以增进汉语的相关知识和技能，进而运用这些知识和技能来增加自身的社会财富；另一方面同那些没有接受过汉语国际教育的人相比，选择接受汉语国际教育者同时还具有汉语使用的排他性优势，其对汉语语言环境、汉语文化环境等方面的水平能得到一定提升，在家庭成员、后代等进行汉语（文）教育方面的汉语素养和资源获取能力也可以得以提升。不仅如此，汉语国际教育还极大地有助于将中国文化和中华文明传播到不同的国度，增进不同地区、不同国界、不同种族的人对中国文化的了解，加强异质文化间的融合与交流……这些都是汉语国际教育的社会效益。

（二）高校汉语国际教育的社会效益分析

语言传播与国家的发展是相辅相成、互相推动的。一方面，广泛传播的语言以国家发展为前提，是国家发展的结果，是国家实力和地位的标志，更是世界各国对一国未来的预期标尺；另一方面，一种语言如果能在越来越广泛的领域被越来越多的国家和人群使用，对一个国家的可持续发展又有"反哺"作用，其影响可以惠及政治、经济、文化、外交、科技乃至社会的所有领域，其在国家社会发展中具有基础性、综合性和一定的先导性作用。与其他领域相比，语言文化传播的投入产出效益非常之高，并且这种效益是持续不断、长期存在的。

语言本身并不会直接形成社会效益。语言是附着在人身上的，是承载着一定的文明和文化的。将语言和语言所承载的文化、文明附着在人的身上，通过人与人之间的交往及多个人组合的社会形成交互时，语言的社会效益自然就能够凸显出来。首先，当今世界，政治的多极化和经济的全球化已经是一种不可逆转的趋势。汉语国际教育的首要社会效益就在于，在世界政治权利的分配中，汉语国际教育可以通过文化的传播、文明的传输形成国家的话语权，形成民族的话语权，加强国际不同文化的沟通与交融，维护国家在国际政治权利中的地位，增强中国文化在世界上的影响力。其次，在政治上，一种语言形成霸权，就意味着以这种语言为母语的国家和地区很容易拥有信息霸权和文化霸权，并影响政治话语权。

语言输出在传播文化的同时，也传播政治思想和价值形态。接受并学习一门语言，其实就是在潜移默化地接受一种政治思想和价值形态，中国近现代学习外语接受了西方的一些政治思想及意识形态就是例证。汉语的对外传播无疑具有鲜明的政治意识形态意义，它可以让更多的外国人士认识并理解中国的政治意识形态，减少对中国的敌意，从而增进对中国的理解和认识，有利于维护世界意识文化的多样性，促进世界的和平与发展。我们说，民族的振兴始于文化的复兴，只有在世界文化中占有一定份额的国家，才能成为文化大国；只有成为文化大国，才能成为世界强国。从某种意义上说，只有文化获得认同，才能理解文化的载体，才能形成民族间的交互和沟通、加强文明间的对话，才能减少偏见、消除隔阂、消弭误解。从一定意义上说，中国发展所需要的良好外部环境也是建立在国际社会对中国人民及其语言文化的认知、理解和喜爱的基础之上的。在这个方面，汉语国际教育所起的作用是无可替代的。如上事实表明，高等学校积极发展汉语国际教育，其社会效益是显著的、持久的，这具体体现在以下三个方面：

1. 有利于传扬中华文明

高等教育的过程本身就是一个知识储存、传播、发现与创造的过程。语言（语言文化）是知识的重要组成部分，语言教育无疑也伴随知识的储存、传播、发现与创造。语言还是文化的载体，高校汉语国际教育以汉语（文）为基本内容。因此，高校进行汉语国际教育，就是进行汉语（文）传播，也就是传扬汉语本身所承载的中国文化和中华文明。

具体来看，高等学校汉语国际教育虽然没有地域要求，但有明确的目标和对象，即主要是对母语非汉语者进行的，其教育对象大多是外国人，且这些外国学习者一般没有或很少具有中国文化的背景，对中国文化和中华文明的理解也是较为浅显的。从这个意义上看，开展汉语国际教育，其实就是让更多的非中国国籍的人学习汉语、了解中国文化、传扬中华文明的过程。人与人之间浅层的交流靠的是语言，而深层的交流则必然涉及文化，涉及对文化的感知、对文化背景的理解及对文化内涵的认同。国家与国家之间的交流也正是如此，无论是经济手段还是政治手段，其都是附着在文化上的，都是依托文化的纽带来实现的，而文化又是靠语言来承载的。因此，开展汉语国际教育，从表面上看，就是教外国人学习汉语，让持不同语言的人可以找到一个共同的交流符号，消除语言上的交流障碍，进而为政治间的沟通、经济间的交流服务。当这种交流到了一定程度，人们便会发现，彼此间对同一问题的认识、对同一事物所持的观点和态度往往大相径庭，其深层原因就在于文化背景不同、价值观不同，因而造成了这种理解上的差异和认知上的隔阂。这个时候，往往就需要靠增进对异质文化的交融与理解来解决问题，需要彼此站在对方的文化背景、价值立场上对现实问题做出新的审视和判断。

当下，随着经济全球化演进的日趋加剧，我国正越来越多、越来越深地融入世界，需要我们借助于语言传播与文化交流来实现不同语言间的交互与不同文化间的理解。高等学校的汉语国际教育正是完成这一系列工作的良好依托和载体。一方面，通过"请进来"的汉语国际教育，高等学校可以吸纳来自世界各地的、拥有不同语言的、不同文化背景的人加入中国语言、中国文化和中华文明的学习与传播中；另一方面，通过"走出去"的汉语国际教育，高等学校可以通过孔子学院这一平台，在国外广泛传播中国文化和中华文明。

2. 有利于推动中国走向世界

语言（文化）是民族的共同特征，是一个国家（民族）共同的内在心理表征和价值精髓。在相当大的程度上，语言及语言背后所承载的文化是一个国家的本我形象和民族的识别标志。因此，高校汉语国际教育传播中国文化、传扬中华文明，其在更深层次上就是传播民族文化、传播国家形象。可以说，汉语及其所创造的文化传播了多远，中国的民族文化和国际形象就走了多远。

具体来看，汉语国际教育不仅仅是一种"请进来"与"走出去"相结合的汉语教学活动。"请进来"和"走出去"两者相得益彰，"请进来"模式是让来华留学生不仅能够在汉语语境中学习语言，还能够亲身感受中国文化的博大精深，深入了解中国国情、民情和风俗习惯；"走出去"战略则是方便当地民众学习汉语语言和概要了解中国传统文化，为他们了解中国文化打开了一扇窗。无论是"请进来"还是"走出去"，都有利于形成中华人群、中外文化间的交互。在这个交互过程中，如果采用的是"请进来"的方式，那么，进来的人首先就形成了与中国的交互。"请进来"的过程本身就是一个走进中国、融入中国的过程。而这些"请进来"的人学习结束之后，其长期沉浸的中国文化环境、中国语言情境等必然也会潜移默化地影响他们。这些人在结束汉语学习后回到原来的国家（或者到了别的国家），那么以"请进来"的这些汉语学习者为载体，事实上也就完成了一个汉语走向世界的过程。

如果是采用"走出去"的方式，那么，在这一过程中，无论是创办孔子学院，还是开设孔子课堂，其都涉及汉语与其他语言的交互，涉及中国文化与其他文化的交互。创办的过程需要双方协商、谈判，需要租用场地，需要置办教学设备，需要延聘工作人员，需要进行招生宣传，需要购买或者印刷教材等。可以说，孔子学院、孔子课堂创办的过程，其本身就是一个中国与外国的交互，就是一部分中国人与外国人交流的过程。另外，在创办孔子学院和孔子课堂的过程中，会形成各国高校之间的合作联系，彼此交流认同，会形成汉语教师与学习者之间的交互，需要施教者与受教者进行交流，其本身也是一个学习语言、学习中国文化的过程。高校汉语国际教育工作的开展，有利于推动中国走向世界。

3. 有利于促进高等教育国际化

教育国际交流是教育国际化的重要特征和主要内容，也是实现高等教育国际化、促进教育发展的有效途径。从一般情况来看，所谓的高等教育国际化主要是指教学的国际化、学生的国际化和教师的国际化。

具体来看，高等学校汉语国际教育，其所针对的对象就是那些母语非汉语者。因此，单纯从学生的国际化来看，高等学校汉语国际教育发展水平越高，学生的国际化程度无疑也就越高（此处侧重指学生数量的多，而不一定是生源国数量的多）。进一步来看，汉语国际教育的对象是非中国国籍的母语非汉语者，而在大多数情况下，这些人在接受汉语国际教育之前，一般具有一定的学习基础和学习背景，其固有的学习方式、惯用的教学方法也都与我国传统高等教育的方法有所差别。这就需要在汉语国际教育的过程中，依据班级情况占学生构成情况，因地制宜地采用不同的教学方式，首先要保证教学方法上的适应性，进而保证汉语国际教育的教学效果，从而提升学习者的学习实效。在高等学校开展汉语国际教育的过程中，除学生的国际化程度、教学的国际化程度高低之外，当这些来自世界不同国家、拥有不同语言和不同文化背景的学习者聚集在一起之后，其本身也就构成了一种多元文化的交互。这就要求高等学校的汉语国际教育必须在教学方法、教学内容、教学模式、教师水平、教学管理、生活管理上都做出相应调整，以适应汉语国际教育的现实需求。在这个逐步完善和发展的过程中，高等教育的国际化水平无形中也得到了提高。

第三章 高校汉语国际教育的师资养成

汉语国际教育师资要成为适应汉语教学事业新要求的人才，就必须培养他们改变传统教学方式的意识和能力，提升他们在教师认知方面适应专业要求的能力，帮助他们形成"以学习者为中心"的教学意识和教学操作能力。汉语国际教育师资的培养涉及许多方面，是并非容易取得成效的一项工作，而且存在一些对这项艰辛的工作非客观、公正的评价，因此要努力设法进行改进，不断提升教师的教学能力与综合素养，及时给予学生帮助与指导。

第一节 高校汉语国际教育师资观念与意识的培养

一、汉语国际教育师资教学观念变革和落实"以学习者为中心"理念

（一）实现"以学习者为中心"的首要关键是汉语师资教育教学观念的变革

合格的汉语国际教师至少要具备扎实的汉语语言能力和语言交际能力，并且掌握系统的中国文化知识，熟悉中国国情和社会文化。为了能够成为一名合格的汉语国际教师，需要掌握良好的专业知识，多去了解汉语和中国文化相关内容，并从理念上加以强化，树立"以学习者为中心的理念。""以学习者为中心"虽然是一种来自国外的教育观念，但是对国内教育领域"以教师为中心"的传统教学理念进行纠正很有针对性。有学者就明确提出"以学生为中心"，或者叫"以学习者为中心"，是一种与"以教师为中心"相对的教育理念。这种新型的教育理念在许多方面都可以引发人们对教育教学变革的思考："在教学过程中，它重在给学生自主选择学习内容的机会，注意尊重和了解学生，增大形成性评价的比重。"在教育教学管理中，"以学生为中心"就是为学生创造一切可能的条件，按照学生身心发展的规律办事，以促进学生身心的发展。

教师的所有教育教学的努力都要通过学生才能发挥作用，这是很普遍的、显而易见的道理，但是偏偏就在"以教师为中心"的教育观念中被扭曲了。"以学习者为中心"符合学习的规律，体现了教育的本质，应当也必将在我国的汉语国际教育中得到更有效的贯彻落实。

在语言教学领域，还有一种与"以学习者为中心"对立的教学理念——"以课程为中心"的教育教学理念。对于这两种教育教学理念，国外学者纽南进行了对比分析："在语言和语言教学中，以课程为中心的观点和以学习者为中心的观点之间一直都'关系紧张'。以课程为中心的观点认为，学习语言的本质就是要掌握知识主体。而以学习者为中心的观点则认为，语言习得是一种技能习得，而不是知识本身的学习。'课程中心论'强调语言内容本身的内化，'学习者中心论'将语言视为交际过程的发展。""以课程为中心"与"以学习者为中心"的对立，虽然表面上是在语言教学内容方面的对立，实际上涉及语言观和语言学习观等一些根本观念的对立，而这些根本性的对立也会最终影响对学习者地位的看法。在汉语国际教育师资培养中，应当着力使受训师资有能力分清这些教育观念的差异，要有跟上时代教育变革发展的意识，自觉地在教学中贯彻"以学习者为中心"的理念。

（二）汉语师资在汉语国际教育中具体落实"以学习者为中心"的教育理念

汉语国际教育师资在具体的教学操作中落实"以学习者为中心"的教育理念，首先从课堂教学之前的备课阶段就要奉行这一理念，在教学设计过程中也要加以落实。这样一来，汉语师资就需要了解学习者的学习需求，并对他们的需求进行细致的分析。有学者就指出："'以学生为中心'的课程设计的第一个任务就是了解需求以及需求分析。需求分析是课程学习的一个参数。这些参数包括学习者团体的标准和基本原理，课程内容的选择和顺序，课程的长度、密集度和持续时间。在'以学生为中心'的体系中，课程设计者会通过跟学习者的密切交流和咨询来确定这些参数。"在汉语国际教育师资培养的过程中，要设计专门的教学环节，培养他们了解和分析学生需求的技能，如掌握通过问卷调查和访谈等了解学生学习需求的具体方法。

在课堂教学阶段开展"以学习者为中心"的教学，汉语国际教育师资就要具有设计体现"以学习者为中心"理念的教学活动的能力。有海外学者提出了开展这样的活动的诸多优点："以学生为中心的活动具有以下优点：1. 创造一个具有鼓励性和积极性的语言学习环境；2. 增加学生使用语言练习沟通的机会；3. 增加流利度和学习内容内化的机会；4. 学生之间有互相学习和交换经验的机会；5. 学生彼此通过语义协商的沟通过程进行交流，近似于真实语境；6. 学生能练习沟通策略的技巧并培养认知能力和解决问题的能力。"可以看出，这些活动都是以学生为主来进行的，是由他们自己独立来完成的，教师要退后而非居于课堂教学的中心地位，课堂上的时间大部分要留给学生们去完成这些活动。在师资培养的过程中，一定要使受训师资具备设计这种活动的意识和能力。

（三）开展个性化教学是汉语师资落实"以学习者为中心"理念的有效途径

汉语国际教育师资在教学中贯彻落实"以学习者为中心"的教育观念，并不是要求他们在教学实践中"一刀切"，在任何教学情境和任何教学条件下都不加区别地强行推进。有学者对此提出："其实，我们并不强求对所有的学生不加区别地统一采用同等程度的'以学生为中心'的教学模式和教学方法。因为'以学生为中心'的教学理念的精髓在于尊重学生的差异性，而强求一律的做法恰恰与这一思想背道而驰。"尊重学生之间的差异性，有针对性地开展个性化教学，才是汉语国际教育师资应当真正掌握和有效落实"以学习者为中心"教育理念的正确途径。

汉语国际教育师资要想开展个性化教学，首先就要尊重和了解作为教学对象的学生们的个性特点。有学者提出了学习者的个性在第二语言习得中的重要性：学生们独特的个性特点会影响他们在课堂上的表现，进而对他们的学习效果也会产生一定的影响。Cook 就曾提出："学习者的个性差异可能会促进或抑制其第二语言习得，学习者的个性是第二语言教师无法改变却对语言学习存在极大影响的非智力因素。"汉语国际教育师资在开展教学活动的过程中，应当重视学习者个体差异对汉语学习的影响，在教学设计和课堂教学中都要采取有针对性的措施。"对不同语言水平的学生应有不同的要求，对不同性格特点的学生宜采取不同的纠错方式，充分尊重学生的学习心理，保护他们的学习积极性和创造性。"在培养汉语国际教育师资时，应当使之具备准确把握学生的个性特点并分级分层开展教学的能力，这样，他们才能在教学过程中真正有能力开展针对学习者具体学习需求的个性化教学。

二、汉语国际教育师资专业发展中教学变革意识和能力的培养

（一）对汉语国际教育师资改变传统教学方式的意识和能力的培养

可以说，汉语国际教育是从我国传统的对外汉语教学发展而来的，但是，它又与对外汉语教学有很大的不同，是在对外汉语教学的基础上的重大变革和

提升。这种变革更替的发生，主要是由于教学对象及其学习需求发生了很大的变化，若从事这种工作的汉语教学师资不能适应这种变化并及时进行调整，那么汉语教学事业将面临很大的危机。有学者总结和揭示了传统的对外汉语教学模式的特点和问题：传统的对外汉语教学模式的特点是以"教师为中心"，教师利用讲解、板书和各种媒体作为教学的手段和方法向学生传授知识；学生则被动地接受教师传授的知识。在这种模式下，教师是主动的施教者（知识的灌输者），学生是外界刺激的被动接受者、知识灌输的对象，教材是教师向学生灌输的内容，教学媒体则是教师向学生灌输的方法、手段。可以明显地看出，传统的对外汉语教学模式注重语言知识的教学，但在汉语国际教育的新时代，这种传统的教学方式必须变革，在培养汉语国际教育师资的过程中不能再以早已过时的传统教学理念和方式误导他们。

进行教学变革当然并不是一件容易的事情，哪怕是要求汉语师资改变自己已经习以为常的对教学的认识，也并不是一件容易的事。对此有学者提出："和其他研究者的发现相同，我们的结果表明，对于改革来说，接纳创新和创造一个合作的环境是互补的条件。对学校改革有兴趣的个人如果只注重一个条件，他们就会犯错。在创新和合作同时进行、互利互助的环境下，改革能取得最大的进展。"可见，要想实现通过汉语国际教育变革传统的汉语教学方式的理想，就必须使受训的师资（包括汉语国际教育专业硕士）具备整合学校内外各方面的力量、通力合作完成教学变革的能力。

（二）汉语国际教育师资在教师认知方面适应专业发展能力的培养

汉语国际教育师资要想获得较好的专业发展，其中重要的任务之一是在教师认知方面有所发展。对教师认知进行研究，有学者提出："教师认知研究基于这样一种认识，即教师是课堂教学活动中的最终决策者或者主导者，教什么、怎样教全看教师。而教师的决策有意无意地受到多方面的影响，这包括他们当学生的经历、教师职业培训或教育、当前流行的教学思潮、对教与学的看法、他们所处的教学环境，等等。因此，教师的认知及其教学活动是一个极其复杂、多样的过程。"教师认知对教学决策、教学运作和最终的教学成果都有很大的影响。例如，如果教师认同传统的语言交际教学法，那么他们在课堂教学中就会提出实际上并没有包含学习者的交际意愿的交际问题，课堂里所发生的交际实际上只是一种非真实性的交际，因为学习者在进行"交际"时是被动的，也很容易被他们认为在这种"交际"中他们是受摆布的，因而不愿意参与，这就会使教师的课堂教学陷入被动局面而难以开展。可见，教师认知是非常重要的，应当引起重视。

我们所培养的汉语国际教育师资如果在教师认知方面受到传统教学方式的影响，那么他们的教学行为就会步入"以教师为中心"的旧有轨道。有学者就提出："在传统的课堂教学中，谁跟谁在什么时候、在怎样的情况下、讨论什么，都是由教师来决定的。教师可以插入或是打断学生的话，课堂话题总是落于或回归于教师。新的教学理念要求教师的任务是营造一个语言活动互动，学生可以作真实交际的情景和环境。"显然，传统课堂教学的方式已经难以适应当今学习者以交际能力习得为主的语言学习需求，培养汉语国际教育师资具备改变传统教学方式的能力和意识，首先就要使他们有能力、有意识地改变传统的"以教师为中心"的教学方式，要变革为"以学习者为中心"，这样才能实现帮助学习者获得目的语交际能力的教学目标。

（三）汉语国际教育师资"以学习者为中心"的教学意识和教学能力的建立

汉语国际教育师资在教学中所应贯彻的是"以学习者为中心"的适应外国学习者学习需求的新型教学理念，但是如果师资培训者自身不能摆脱传统教育思想的影响，不能与汉语国际教育的教学理念保持一致，这种不一致就会给所培养的汉语师资带来思想上的混乱。我国的传统教育思想基本上是"以教师为中心"的，所以，汉语国际教育师资的培训者应当深刻认识到改变传统的教育教学思想并且贯彻落实适应汉语国际教育新形势的"以学习者为中心"的教学理念的重要性。

要想使汉语国际教育师资具备"以学习者为中心"的教学能力，首先就要使他们具备全面了解学习者特点的能力，因为学习者的特点涉及许多方面的具体内容。"以学习者为中心"的课程设计的起点，通常是采集各种类型的个人资料。这些资料包括当前的水平等级、年龄、学历、学过的语言课程、民族、婚姻状况、在目的语文化环境中度过的时间长度，以及过去的、当前的和打算将来从事的职业，它也可以包括语言目标、教育目标及生活目标。信息的采集也可以根据学习者的主观因素来进行，如偏好的课程长度和强度、偏好的学习安排（学习者想要得到以课堂学习为主还是以非课堂学习为主的指导）、偏好的教学法（包括学习者所希望的教材和教学的类型）、学习风格及来上课的一般目的。可以看出，既然需要了解的学习者的特点是非常丰富的，汉语国际教育师资就要有目的、有意识地全面了解学习者的主观和客观两方面的个人情况，这样才能有针对性地设计面向学习者的教学。

要培养汉语国际教育师资具备"以学习者为中心"的能力，在备课阶段所设计的教案中，除对各个教学步骤的具体操作情况要落实"以学习者为中心"

外，在教学课件的制作等方面也要贯彻"以学习者为中心"的原则。要展示出考虑到学习者特点和教学针对性，引导学习者在课堂上和课堂外要展开的语言学习活动等内容，还要包括对学习者出现偏误情况的预想和纠正偏误等方面的方案。要想使汉语国际教育师资能够贯彻"以学习者为中心"的教学观念，就要在许多方面培养他们相关的意识和能力，而这个培养任务既重要又艰巨，同时也是一项需要长期坚持才能见效的工作。

三、建构主义理论的新认识对汉语国际教育师资培养的启示作用

建构主义理论对学习知识的认识发生了与以往任何教学理论都不同的革命性变化，由于对知识的理解与以往不同，相应地，对知识的学习方式也发生了变化。对此，有学者认为，建构主义的理论将知识定义为暂时的、可开发的、受社会和文化影响并且是非主观性的。从这点上去理解，学习就是一个解决内在认知冲突的自我调节过程，这些冲突经常通过具体的练习、讨论和思考变得明显。建构主义理论所形成的对知识的学习不同于以往的新认识，给汉语国际教育师资培养工作带来了新的启示，由此也可以促成这项工作得到更好的发展。

（一）建构主义理论对学生所学知识的新认识对汉语国际教育师资培养的启示

建构主义理论并非全然否定知识的重要性，仍然认为知识的建构在学生的学习过程中是非常重要的，但同时又认为学生对所学知识通过建构的方式来学习可以获得更好的效果。"当学习的深度和充分理解内容成为教学目标时，知识建构是帮助学习者理解并且深化内在想法、帮助他们开发使用技能和概念去解决问题的环境、帮助他们探索或者产生想法、归纳和系统化知识的更有效的方法。"显然，学生的知识建构不同于以往建构主义理论中的知识是由学生探索而得来的，知识的性质已经变为不是事先准备好然后传授给学生，对所要学习的知识要由学生来确定和完成对其的掌握。

在建构主义理论之下，学生们掌握的知识不是私密的，他们掌握知识的途径变得公开化，掌握的知识成果通过公开而得到共享。"学生们知识累积的活动应该是开放性的建构。学生们的知识、新的想法、模型、绘画、写作都应该公开，大家共享。这些成果需要来自同学们的评价，需要给父母看，需要呈现给专家组进行严格的检查和评估。这个过程还可以发现和改正一些错误的概念，为学习任务明确目标。"在这种情况下，学生们所要做的已经不是像以往那样被动地接受知识，而是主动去探索。"学生需要意识到他们的工作是重要的，他们所做的一切都是很有意义的，其他人会对他们的发现感兴趣。个人知

识的分享会使得课堂更成功,它引入了探险的精神,促使学生更加仔细和深入地询问。"可以看出,建构主义基于对知识的新认识所提倡的新型学习方式可以达到多方面的学习效果,给学生带来多方面的益处。因此,要培养汉语国际教育师资在汉语教学中运用建构主义理论,对学生同样也不能再采取"灌输"的方式,要使他们有能力设法创造机会并且引导学生自主建构自己的汉语知识系统。

(二)建构主义理论下学生学习的新认识对汉语国际教育师资培养的启示

建构主义理论对学生所学知识形成了新的认识,也由此带来了对于学习这些知识的方式的新认识。有学者提出:"建构主义认为,学习是建构内在的心理表征的过程,学习者并不是把知识从外界搬到记忆中,而是以自己已有的经验为基础,通过与外界的相互作用来建构理解的。"建构主义理论认为,学习要依靠学习者已有的知识来进行,已有的知识对新的认知发展有帮助的作用。

建构主义理论认为,学习活动是需要依靠学习者的主动行为来完成的,实际上,没有学习者的主动行为,学习根本无从谈起,因为在建构主义理论看来,学习并不是依靠死记硬背来获取事实性的知识。建构主义强调的是解决问题、发展概念和有判断力的思考方式,而不是简单地获知事实知识。在这个框架中,学习被看作学习者主动进行的活动,而不是别人强加给学习者的。可见,建构主义理论之下的学习更能发挥学生们的主动性、积极性和创造性,达到更好的学习效果。汉语国际教育师资要有意识地创造条件发挥而不是抑制学生学习的主动性和积极性,并且想方设法地寻求机会,利用学生已有的知识和经验使其达到更好的学习效果。

建构主义理论非常重视学习过程中的意义,倡导在教学中引导学生开展有意义的建构性学习活动。"建构主义学习理论认为,学习的过程就是学习者在一定的情境中,借助于其他人(包括教师和学习伙伴)来协作与会话,利用必要的学习资料,通过意义建构的方式而获得知识的过程。学生的知识是通过学生的自主学习获得的,而不是教师传授的。在这个学习环境中,情境的创设必须尽量真实,必须有利于学生对所学内容的意义建构。与他人的协作必须贯穿于学习过程的始终。"可以发现,建构主义理论更加提倡通过学生之间的交流互动来完成意义建构的任务,并且这种交流互动活动是教学过程中的主体性活动。这也对汉语国际教育师资培养有多方面的启示。汉语师资要注意避免对汉语结构形式的枯燥操练,要给学生们创造有意义学习的机会,提供真实的学习情境,以便学生们能够自主地开展学习活动。

（三）在汉语教学中贯彻建构主义新认识可以带来教学的变化和发展

在建构主义理论新认识的基础上，教师开展汉语教学与以往有什么不同？国外学者提出的一些教学原则会对我们有所启发："教育者要遵循建构主义学习观为学生设计学习过程，布鲁克斯等提出了以下五条教学原则：提与学生相关联的问题；学习围绕核心概念而进行；了解并尊重学生的观点；课程要符合学生的见解；在教学情境中评价学生的学习。我们添加了第六条：把学习看作建构的过程，就要求教育者选择能够支持知识建构的工具和活动。"可以看出，要贯彻建构主义理论，就要在教学中体现"以学生为中心"的理念，并且在教学的各个环节和诸多方面有效落实。

教师在进行课堂教学的设计和具体实施时，要以平等的观念和意识来对待学生，这是学生的知识建构和新型学习方式的必然要求。"在建构性的课堂中，学生们的工作主要是问题学习和项目学习，有时候会涉及超出他们现有能力范围的问题。这时，教师和学生都成了学习者。教师必须把工作重点放到如何帮助学生学习上，而不是像以往那样把知识直接传递给学生。同时，还要有一些各领域的真正专家帮助教师和学生达到他们的目标。"在贯彻建构主义理论的课堂上，教师的帮助作用仍然是重要的，因为学生还不能在任何时候都可以独立完成所有的学习任务，还需要教师起到辅助的引导作用。

建构主义理论所倡导的这些教学原则和理念对汉语教学极具启发性，因为汉语教学是以培养学习者的汉语交际能力为主要目标的，而交际能力的获得虽然需要学习者的主动建构，但是又离不开教师随时的帮助和指导，因此，提倡学生的主动建构并不意味着教师就放手不管，教师还要起到多方面的作用，并且在学生学习的过程中扮演多重角色。

在建构主义的启发下，汉语教学的研究者们也积极探索教学的变革和发展。有学者甚至提出了"建构主义的对外汉语教学模式"："在这种模式下，学生是知识意义的主动建构者；教师是教学过程的组织者、指导者，意义建构的帮助者、促进者；教材所提供的知识不再是教师传授的内容，而是学生主动建构意义的对象；媒体也不再是帮助教师传授知识的手段、方法，而是用来创设情境、进行协作学习和会话交流的，即作为学生主动学习、协作式探索的认知工具。显然，在这种场合，教师、学生、教材和媒体四要素与传统教学模式相比，各自有完全不同的作用，彼此之间有完全不同的关系。"在建构主义理论启发下形成的新型教学模式，还需要在教学实践中进一步完善和细化。建构主义理论带来的对知识和学习的新认识必然带动我们的教育教学发生变革，以适应知识掌握和学生学习的新变化，这也是汉语教学顺应世界教育教学发展潮流的必然途径。

四、汉语国际教育师资培养要解决一些认识上的偏差带来的问题

对于汉语国际教育师资培养的课题，学者们已经进行了许多研究，取得了许多有益的研究成果，但是在一些研究中还存在认识上的偏差。这些认识上的误解和偏差会对汉语国际教育师资培养产生不利的影响，所以，我们应当注意探索适合汉语国际教育人才培养的新方式，用带有充分说服力的培养成果消除这些认识上的偏差，由此需要着手解决认识上的偏差带来的问题。

（一）解决对汉语国际教育师资培养内容和培养方式的认识偏差带来的问题

对汉语国际教育师资的培养是在有限的时间和条件下进行的，而要想利用好这有限的时间和条件，达到良好的培养效果，就要对培养的内容精挑细选和精心安排。但是，有学者提出了这样的看法："如果说一般的教师教育的内容是学科和教育知识两方面，那么汉语教师教育的内容则具体一些，包括汉语语言学知识和汉语教学知识两方面。"这里所提出的一般教师教育和汉语教师教育的内容显然都是不全面的，还停留在重视知识教育的传统观念上。对于汉语国际教育师资面临的教育教学任务而言，这样的培养内容存在明显的不足。对汉语师资的培养要涉及的内容更为广泛，除了涉及普通语言学和汉语语言文字相关的知识，以及汉语教学的知识和技能外，至少还应包括掌握外语交际能力、中国文化知识和才艺能力，以及跨文化交际能力等多方面的知识和能力。

在培养汉语国际教育师资时，必然要通过教学课程来对他们进行培训，但是针对培训时的具体教学操作方式，学者们提出了不同的看法。有学者认为，系统的知识讲授仍然是必要的："就知识板块而言，有的教师提出，研究生的课教师要少讲，应充分调动学生的积极性，例如让学生广泛阅读，或者采取任务式教学法等，诚哉斯言。但是，也应清醒地看到，尽管可资阅读的文化读物、文化教材汗牛充栋，但由于课时有限，以及学生知识背景或结构各异，单纯的阅读不能很好地激发学生的兴趣，更难以激发其对母语文化的认同感。从这个角度出发，教师有效讲授的作用还是不容忽视的，有些理念和知识还是需要凝练并加以特别引导的。"在汉语国际教育师资培养的过程中，讲授的教学方式仍然是不可或缺的，这种主张固然有一定的道理，但是，汉语国际教育作为实践性很强的学科特性，以及汉语国际教育师资将要面临的教学实践，都要求培养工作不能仅依靠知识讲授的教学方式，而要把培养汉语师资的教学能力

和技能放在重要和突出的位置上。这种主张实际上还是放不下传统的教学方式，或者放心不下新型的教学方式（如任务型教学方式）在培养适应汉语国际教育新形势需要的教学人才方面的作用和效果。这种带有某些偏差的认识会对师资培养工作带来不利的影响，我们应当探索适合汉语国际教育人才培养的新方式，以解决认识上的偏差带来的问题。

在汉语国际教育师资培养方式上，还有学者提出依靠合作办学的方式大量培养人才："笔者认为最快、最有效、最实际、最经济的方法就是国内大学通过合作办学的形式在海外各地（各国）设置 MTCSOL 课程，培养境外高水平汉语教师，再以这些教师为星星之火，带动整个国际汉语教学呈燎原之势。"实际上，合作办学要受方方面面许多的条件限制，并不是"最实际、最经济"的方法，如果大面积地、全面地并且主要依靠合作办学的方式培养汉语国际教育师资，恐怕并不能"最快、最有效"地培养汉语国际教育事业急需的大量教学人才。尤其是在开始阶段，汉语国际教育师资的培养还应该首先依靠在中国境内培养这种资源最为充分、最有把握的途径，可以将合作办学作为一种补充方式，实际上我们也是这样做的。而且培养境外本土汉语教师的途径也不只是在海外设置课程开展教学的这一种方式，在中国境内举办专门的师资培训班，可以更高效、更有效地培养汉语教学师资。因为在中国境内有独特的汉语环境和师资培训等多方面的资源优势，而且针对经济性价比而言也是最高的。

在不了解汉语国际教育在世界各地广泛开展的整体形势的情况下，如果盲目提出一些不适当的政策性、战略性建议，会对汉语国际教育师资培养工作带来不利的影响。有学者就提出："关键是两校的合作，为内地院校走出去，在海外合作办学，为 MTCSOL 在海外的办学做出了开创性的工作，树立了一个成功的样板；同时，也证明了在境外培训骨干教师的方式是行之有效的，是成功的，今后可以在其他内地院校中间大力推广，提高汉语在海外的推广速度、深度和广度。"这里所提及的在我国香港开展汉语师资培训带有明显的特殊性，不足以证明其能够成为推广于世界各地的"样板"，也不足以证明其"可以在其他内地院校中间大力推广"。对于这种以偏概全的认识上的偏差所带来的问题，我们在汉语国际教育师资培养工作中也要注意加以解决。

（二）解决对汉语国际教育师资能力和行为的认识出现偏差带来的问题

有些教师由于对任教国家的教育文化了解不充分，存在教学处理方式不适合当地国情的情况，但这不是普遍存在的情况，多数是由于个别教师个人的特点所产生的问题。有学者提及："在教学中，涉及对学习者不太容易理解的语言点或是不易改正的错误时,教师说话声音的大小和语调的高低,是否能掌握好抑扬顿挫的节奏,都会影响学习者的情绪。如果运用不当,有可能会在无意中造成学生的反感与敌视,他们会认为你非常 Aggressive（有攻击性的）。"避免一些过于强势的做法和语言表达,的确是汉语国际教育师资应当注意的问题,但是不能过度强调这一点,使他们无法以积极、热情的精神面貌去开展汉语教学,不能主动地与学生们建立良好的沟通关系。汉语国际教育师资固然应当注意这类问题,但也不要对受训者过度强调这些问题,使其在教学过程中畏首畏尾,不能施展自己的能力有效开展教学。教师本身所要面临的课堂教学压力很大,所以应当尽量给他们减压。同时要考虑到学习者对教师的理解度和谅解能力,汉语国际教育师资要掌握好纠错和管理学生的方式与方法,而这些可以通过师资培养以实现令其随时注意和及时纠正的目标。

对汉语国际教育师资应当提出高标准、严要求,但是也要符合实际情况,符合汉语教学的发展规律和汉语师资专业发展的规律,如果提出的标准过高、要求过严,可能会适得其反。有学者提出:"作为一名合格的海外大学汉语教师,应该具备独立创编较强针对性和实用性的教学材料的能力。即使有教科书,但因为面对的学习者情况各异,汉语教学又是处在社会和语言迅速发展的大环境中,为了使教学内容更有实用性,教师根据教学需要创编辅助材料或教材。对于从事汉语国际教育工作的新手教师不应当这样要求,可以作为他们今后的十个专业发展的方向,可以在以后的工作中逐步积累经验,但不能要求他们马上达到这样的水平,即使是编写教学辅助材料的能力也要通过专门的培训,使他们掌握相关的方法而逐步获得。"

汉语国际教育师资在开展汉语教学,尤其是在海外开展汉语教学时,要面对各种各样复杂的教学情况,包括学习者的复杂情况。汉语师资要面对的不仅有出色的学习者,也有学习能力和学习动机不强的学习者。"一个好的学习者往往能够很好地发挥他的主观能动性,善于采取有效的学习方法。因此,在第二语言教学中,教师的作用并不是决定性的。教师应该把学习的责任归还给学生,让他们充分发挥主观能动性,为自己的学习负责。"汉语国际教育师资只寄希望于遇到"好的学习者"是不现实的。在面对并非那么"好"的学习者时,如果汉语师资不努力想方设法地提高他们的学习能力并增强他们的学习动机,教学结果将令人担忧。汉语国际教育师资使学生为自己的学习负责的意识固然重要,但并不是每一位学习者都能养成对自己的学习负责的责任感。汉语国际教育师资对其应该承担的任务和责任如果没有很好地承担起来,而着眼于和承担不重要或不应该承担的任务和责任,甚至可以说回避了应该承担的重要的任务和责任,这并不利于学习者的成长,包括他们在语言交际能力方面的成长。

(三)解决对汉语国际教育师资道德品行要求的认识出现偏差带来的问题

对汉语国际教育师资的道德和品行方面提出要求是十分必要和非常重要的,但是,也不能提出超出与同等学力的其他人一样的过高要求,因为这样的要求实际上是一种苛求,对他们求全责备,也并不能使他们健康、顺利地成长。

我们并非要否认对汉语国际教育师资进行高尚其道德、修炼其品行的教育,这方面的教育是非常重要的,师资培养工作中也不应当忽略这项重要的工作。对于汉语国际教育师资个人修养的提升,有学者结合中国传统文化中的道德准则,提出了一些建议:"在独立的工作环境中有以下几个人格完善的方面特别值得注意:一是要学会宽容忍耐,君子坦荡荡,对人对事要豁达大度;二是有慎独精神,在无人监督的环境中保持善良天性,言行一致;三是己所不欲,勿施于人。凡事多为别人着想,急别人之所急,宽以待人,严于律己;四是要有奉献精神,合作的态度,多工作,少索取,不计较个人的得失,尽量克服暂时的困难;五是真诚待人,坚持自己人格完善的原则……"在中国境内培养这些品德要结合汉语国际教育师资将要面临的工作环境特点来进行,这样更有针对性,同时在教学方式上可以采用合作学习的途径。

实际上,有些初入职场的汉语国际教育师资赴海外实习就是进入社会,他们同样必然要面临任何一个人在社会身份转化时所要面对的社会人际关系问题,对此也要通过结合他们亲历的实践来培养、教化。与此相同,汉语师资行为举止的得当,也要通过实践性操作来培养。如果处处对汉语国际教育师资中的新手教师进行苛求,那么汉语国际教育事业就无法壮大发展了。因此,在师资培养的过程中,我们要注意解决对汉语国际教育师资道德品行要求上出现的认识偏差带来的问题。

第二节　高校汉语国际教育师资培养中的教师培养

一、汉语国际教育师资专业发展中教师自我提高能力的培养

（一）汉语国际教育师资获得自我提高能力首先需要破除的几个障碍

培养汉语国际教育师资自我提高的能力，首先需要他们能够破除内部心理和外部条件方面的几个障碍。人们提倡教师在自身发展中的自我反思，重视反思对教学水平提高的重要性，但是，教学反思中最为关键的自我批评却仍然比较缺乏。如果汉语国际教育师资自我批评的意识和能力不足，实际上反映的是师资培养中对此在认识上的不足。通常我们对正面引导汉语国际教育师资的专业发展强调得比较多，却比较忽视对他们进行负面因素反思的能力的培养。

有国外的学者提出了师资自我提高的第二方面的障碍："自我提高的第二个障碍是，我们的学校经验常常强调分析思考而不是综合思考。"综合思考能力的不足，也会影响汉语国际教育师资对自己的认识和反思的深度，从而影响自我提高的最终结果。进行综合性的全面思考，有助于汉语国际教育师资发展和分析自身教学和专业发展中存在的问题，以便找到解决这些问题的具体对策。汉语国际教育师资通过解决自身的问题，在自我提高的同时，也获得了提升自己的能力，而这种能力的获得则更为重要。

强调综合性思考还有一个原因，就是综合性思考富有建设性。在对具体教学问题进行分析的基础上，对教学活动所涉及的各方面因素进行综合性的考量，有助于汉语国际教育师资更有效地解决教学中的问题，提出并得出富于建设性的解决措施。"教师很少要求学生提出开创性的、实践性的建议，因为绝大多数教师在学习社会化的过程中就是被要求进行分析思考的，而且这样做还会得到奖赏。强调分析思考给了我们大多数人在尖锐地指出弱点方面大量的锻炼，但比较而言，在通过提出建设性的意见解决问题的综合思考方面，就没有什么经验了。"教师不仅要具有分析性、批评性的思考能力，而且其自身具有能力进行建设性的综合思考更为重要，只有具备了这样的能力，才能引导和鼓励他们的学生同样进行建设性的综合思考，从而促进学生这方面相关能力的提升，而综合性思考对学生们汉语学习的益处是显而易见的。师生之间利用综合性思考的成果开展良性互动，还可以使双方通过互相促进都获得自我提升。

第三章　高校汉语国际教育的师资养成

（二）汉语国际教育师资通过自主学习进行自我提高能力的培养

汉语国际教育要面对千差万别的教学情况，作为从事这项工作的师资，要胜任所面临的各种教学情境就必须具备学习能力，以便有针对性地找到适合各种不断变化的教学情境的教学对策。如果仅仅依靠师资培训时所获得的有关知识和技能开展教学，对于汉语国际教育师资而言是远远不够的，不足以应对他们所面临的具体教学情况，而且教学的具体情况还会随时不断地发生变化，没有自主学习的能力就不能适应教学中的变化。

教师最终必然要独自面对教学中出现的各种情况和问题，只有通过不断的学习才能自主地开展教学，所以教师具备开展自主学习的能力至关重要。在《欧洲语言共同参考框架：学习、教学、评估》中对"学习能力"这样进行了定义："学习能力指对学习新知识体验的观察力、参与力和将新老知识融会贯通的能力，学习能力甚至就在学习的过程中得以发展。"汉语国际教育师资如果不进行针对教学的具体操作实践，就难以获得自主学习能力。实践操作在学习能力的发展中是第一位。能力要靠具体的教学操作来培养，因为能力不是天赋，因而不能自然生成，而要靠可操作性的实践开发出来。在汉语国际教育师资培养的过程中，要强化对自主学习能力的培养，而要有意识地发展他们的自主学习能力，最为关键的是为他们创造和提供教学实践的机会。

要想使汉语国际教育师资获得自我提高的能力，必须注重对他们的自主学习能力的培养，而他们获得了这种能力，也会在他们的教学中重视自主学习的重要性，并贯彻到他们的教学设计和教学操作中。"一旦'学会学习'被视为语言学习不可或缺的组成部分，学生的自主学习积极性将有可能得到激发。只有这样，学习者才会逐渐认识到个人学习方法的重要性，才会重视教师向他们提供的学习内容，才会注意发现最适合自己的东西。"可以看出，自主学习能力在语言学习过程中具有重要作用。在汉语国际教育师资培养过程中，如果重视了自主学习能力的培养，就会使受训师资也形成对这种能力的重视，并且在他们的教学中面对教学对象时也会去突出自主学习能力的重要性，从而创造机会发展学生的自主学习能力。

（三）汉语国际教育师资专业发展中提升自我效能感能力的培养

教学评估固然有助于教师对自己的教学情况形成一些客观的认识，但是这种来自外部的评估有其局限性，而且也并不能随时随地进行。教师对自身教学的评价和把握，更多地还是要靠自身。汉语教学师资具备对自身教学效能的评估能力有助于他们对自己的教学有清醒的认知，因此，培养汉语国际教育师资获得对自我效能正确认识的能力，并培养他们有能力提升自我效能感就显得尤为重要。

在教育教学领域中，教师自我效能感的主要研究者班杜拉提出了对该概念的定义："自我效能是一个与行为和结果有因果联系的信念体系。也就是说，人们会对自己执行某些行动以达成预期结果的能力做出判断。然后根据他们的判断继续参与或不参与这些活动。"可见，自我效能感是一种复杂的、体系性的教师信念，它联系甚至支撑着教师的教学行为和结果。有学者还进一步指出了此概念具有广泛性的特点："班杜拉的自我效能概念是非常广泛的，指个体对于自身能够成功实施一系列事情的信念。Gibson& Dembo 将之应用于教师职业心理研究，把教师效能感分为个人教育效能感和一般教育效能感两个层面，使教师效能感的概念更具可操作性，教师效能感的研究逐渐走向深入。"随着研究的深入，对教师自我效能感的认识也在不断深入。对于教师教学上的自我效能感，有学者还提出："教师的教学效能感，是指教师对自己影响学生学习行为和学习成绩的一种主观判断。这一理论来源于班杜拉的自我效能理论。"自我效能感的提升，会提高人们发挥努力获得成就的积极性。教师在教学的过程中，同样也需要有对自身教学的效能感。教师自我提高的能力中，提升教学自我效能感的能力也是其重要的组成部分。

教学效能感所能起到的关键作用在于，它不仅可以使教师获得成就感和自信心，还会使他们进一步对学生的学习表现出更高的期望，而期望对人的激励作用是十分巨大和有效的。"效能感高的教师相信自己的教学能使学生成才，同时也就对学生的成就寄予较高的期望；对教学活动投入更大的热情，也更容易采取民主的方式；在遇到教学中的困难时，会想方设法积极寻找新的教育方法，探索更为行之有效的教育途径来克服困难；并且不会因为周围环境的影响而将学生看作不可教育或无教育成效。"教学效能感不仅可以激励教师继续向正确的方向努力，还可以使教师在获得充分自信的同时，继续充满热情地不断进行自我提高。

汉语国际教育师资获得自我效能感时所树立的自信心，对他们顺利地开展教学是非常重要的，这种对自身教学的自信心涉及许多方面。有学者提出："汉语教师自信心的核心成分是对自己语言教学的评价及积极的情绪体验。在语言教学评价中居首位的是对语言点讲解的自信，此外，对教学的控制感以及课后反省习惯、良好的口语表达能力也非常重要。因此，教师培养时要注意教学基本功的培养。"在汉语国际教育师资培养的过程中，要结合具体的教学能力的培养，树立受训者形成教学自信心的意识和提升自我效能感的能力。

二、汉语国际教育师资提升自我效能感对其专业发展的有益作用

如果在汉语教学中汉语国际教育师资获得的自我效能感较高，就可以给他们的教学带来积极的影响。汉语教师的自我效能感因他们所开展的语言教学和文化教学的双重作用而具有自身的特点，与他们的教学经验也有着密切的联系。如果汉语教学中教师的自我效能感较高，就会对他们的教学起到促进和激励的作用，会促使他们做出更为有效的教学决策，从而对学生起到积极的影响，以形成对学生的激励作用。自我效能感高还具有树立汉语教师教学自信心的积极作用，教师提高自我效能感的途径在于全方位的自我提升。

（一）汉语国际教育师资所应具有的自我效能感的特点

教师在教学的过程中面临着很大的心理压力，而他们的自我效能感对他们纾解心理压力有着重要的积极作用，因此教师的自我效能感也可以带来教学上的积极成效。教师的自我效能感还对他们的教学行为有多方面的影响。班杜拉对此进行了比较全面的总结："自我效能信念：影响人们现在执行的行动进程；影响在指定的活动中投入多大的努力；影响在面对阻碍和失败时能坚持多久；影响他们从逆境中恢复的能力；影响他们的思维方式是自我阻力的还是自我帮助的；影响他们在应对高负荷的环境要求时体验到多大的压力和抑郁；以及影响他们所能实现的成就水平。"教师的自我效能感是支撑他们顺利开展教学的重要精神心理因素，汉语国际教育师资在汉语教学中自我效能感的特点，也值得关注和研究。

自我效能感虽然是心理方面的因素，但对人们的行为有着重要的影响，甚至会进一步决定人们做事的成败。自我效能感之所以重要，"因为它是集情绪情感、认知观念和信念于一体的复合心理现象。虽然它的外在表现很'简单'，就是个体对自己某些方面的信念和自信心，实际上却是个体长期社会实践活动结果的心理反应，是环境、行为、认知三要素长期相互作用的结果，是相对稳定的，对个体行为有比较强的预测力"。可以说，自我效能感所涉及的方面是非常广泛的，同时也是行为个体心理特点的集中体现之一，对个体行动的结果有重要的决定性影响。教师的教学活动（尤其是课堂教学活动）要面临瞬息万变的情况，他们的教学行为要随时能够应对各种挑战，在教学过程中不断出现的困难局面要求他们具备强大的心理支撑力，若没有较强的自我效能感就难以应付。

处于教师队伍行列中的汉语国际教育师资同样需要自我效能感帮助其顺利完成教学任务，但他们的自我效能感又有自己的特点。有学者认为，"汉语教

师教学效能感的特点是：以汉语教学的自我评价和积极感受为核心，同时兼有文化交流工作的特点"。可见，汉语国际教育师资的自我效能感具有语言教学和文化教学双重性的特点，此外，他们的自我效能感还有一个重要特点，就是与其教学经验有直接的紧密联系。这一特点从有经验的教师与新手教师的差别之处可以看出："汉语教师的教学效能感直接指向教学经验，教学经验是较高教学效能感的来源。专家型教师感觉自己能有效地控制课堂。他们对教学效果、语言点讲解比较满意，觉得自己初步形成了教学风格，对教学有更多的积极的情感体验，有胜任感、成就感，并且对事业有忠诚度。新手教师虽然对自己的外语能力比较肯定，但总的教学效能感不高，他们对教学还有一定的负担感。"教师的自我效能感的获得，实际上是一个逐步积累、不断增长的过程，是教师不断对自己的教学效果有正面的确信之后才能逐渐形成起来的，是经过成功的教学实践不断验证的结果。汉语国际教育师资如果能够有效发挥自我效能感的作用，就可以使自身胜任汉语教学工作的能力不断得以提高。

（二）汉语国际教育师资自我效能感对教学的促进和激励作用

汉语国际教育师资自我效能感的高低不同，对他们如何看待和对待汉语教学过程中的困难和挫折有不同的影响作用。对于这一方面的作用，有学者就指出："班杜拉指出，自我效能高的人将挑战与问题视为要去征服的任务。对于有兴趣的活动，他们有强固的承诺去完成。他们不轻易被挫折或失意打倒，总能很快地恢复精神，整装再战。自我效能低落的人回避挑战，并认为困难的任务是他们能力之外的挑战。他们很容易感到挫败，因为他们太过看重负面的结果，所以需要很长的时间才能从失败中恢复。"显然，经过对比可以发现，自我效能感高的教师具有坚强的心理素质和乐观看待挫折的心态，他们能够积极主动地去克服困难，他们的教学活动较易形成良性循环，这是自我效能感对他们的教学行为形成促进作用的结果。

汉语国际教育师资具有较高的自我效能感，还会促使他们做出更为有效的教学决策，这是因为教师能够对自身的教学效能有正确的认知。教师这种对教学效能的正确认知，会使他们形成对教学结果有较高掌控能力的信念。"在某种程度上教师的效能观对教师的教学决定、课程决策会产生重大影响，随后对学生的成绩会有影响，教师的效能观包括教师影响学生表现潜力的一般观念，也包括教师对提高自己班上学生成绩的能力的个人看法。教师的效能观会影响他们怎样与千差万别的学生相处，即在一个班集体内学生的方式、态度和行为都完全不一样。"教师对自己教学决策的效能有较高的把握，就能促使他们做出有针对性的教学决策，也使他们对自己的教学决策有信心，而他们的具体教学行为也就能够进一步去贯彻落实其教学决策,从而取得良好的教学效果。

汉语国际教育师资的自我效能感较高,不仅对他们自身的教学活动会起到激励作用,还会通过他们积极的教学态度和成功的行为给他们的学生带来积极的影响。自我效能感高低不同的教师对学生的影响作用是不同的,"效能感高的教师相信他们有能力成功地激发学生和教育学生。效能感低的教师认为没有哪个教师会对学生起重要影响(因为学生的动力和表现主要依赖于家庭环境),也许有的教师有这种本事,但他们自己则没有(假定原因在于他们缺乏必需的知识或技能)"。如果教师能够认识到自我效能感的积极作用,那么这种认识也可以称为是对自我效能感的一种积极性的元认知。教师自信有能力通过自己的努力对学生们产生有成效的积极影响并会取得一定的成果,他们就会主动地与学生接触和互动,从而对学生施加这种积极的影响。教师促进和激励学生学习所取得的良好效果,也会回馈教师获得更高的自我效能感。

(三)汉语教学中教师的自我效能感对树立教学自信心的作用

汉语国际教育师资要面对的教学情况和教学对象经常变动不居,这也使他们经常处于面临新挑战的境地,特别是在海外开展汉语国际教育时,要进行的是汉语作为外语的教学活动,所面临的困难和挑战尤其大。除了教学内容和课堂管理等方面所要面临的工作压力外,还要面对跨文化交际中的互相理解和互相沟通上的困难等种种问题。在面临众多困难和巨大挑战的情况下,汉语国际教育师资自身对教学和课堂管理工作的自信心尤为重要,而这种自信心的树立也需要依靠汉语教师对自身效能感的确认。

自我效能感与教师的自信心有直接的关系。如果教师的自我效能感高,就可以促进其课堂教学和课堂管理的良好表现。对此有国外学者进行了分析:"效能感高的教师比较自信,在课堂上的表现轻松自如,与学生的互动比较积极(表扬、微笑),很少消极(批评、惩罚)。在营造课堂的有效学习气氛方面比较成功,很少被动防范,比较能接受学生的不同意见和挑战,在激励学生争取成就方面十分有成效。"自我效能感高使教师充满自信,就可以产生积极、良好的教学表现,对学生的学习也可以形成良好的影响,起到鼓励作用。

汉语国际教育师资树立教学的自信心及提高自己的自我效能感的途径,在于要全方位地进行自我提升,这也就对汉语教师提出了较高的要求。有学者认为:"深厚宽广的知识面(如对语法、历史、汉字方面的学习)以及对文化比较的关注、对工作意义的认同、良好的工作态度、较高的外语水平和个人才艺等,都有利于教师获得较高的教学效能感。"汉语教师获得较高自我效能感的基础，就在于对自身各方面能力与知识的积累和提高，更为重要、更为核心的则是由对汉语教学的热爱和事业心而形成的坚定、高效完成教学工作的信念。

三、教学反思在汉语国际教育师资自身专业发展中的重要作用

汉语国际教育师资的专业发展，只有通过教师对自身教学的反思途径才能很好地完成。教师的专业发展仅仅依靠教学经验的积累是不够的，还要通过反思进行理论提升。汉语国际教育师资的教学反思要与教学实践联系在一起，形成实践性理论，并通过这种实践性理论指导其教学实践。教学反思在汉语国际教育师资专业发展中有多方面的重要作用：有助于教师打破惯性的教学思想和行为；有助于教师进一步开展专业学习；有助于教师承担起推进教学变革的责任。

（一）提升对自身教学的反思能力是汉语国际教育师资专业发展的重要途径

汉语国际教育师资在教学中要面临千差万别的具体教学情况，且教师自我发展的过程中也要面临许多困难，只有通过不断的反思才能克服这些困难，而在克服了这些困难以后，教师的专业能力就可以得到发展。教学反思能力涉及教师多方面的个人素质，提升教学反思能力与教师的专业发展有直接的关系。有学者就此提出："由于个体的自我意识和教学活动丰富且复杂，教师的反思能力受到知识、观念、动机、情绪、情感等个人因素的影响，同时环境因素也可使教师反思能力具有多方面的内容和多样化的表现。教师只有不断加强自己的反思意识，掌握一定的反思方式，积极地参与反思，才能最终实现自我的发展和提高。"可见，教师对教学的自我反思能力更为重要的作用是使其能够顺利完成教学任务，从根本上保证其在专业发展上的提升。汉语国际教育是汉语教学在新形势下大发展的结果，如果作为教学活动核心的教师根本就没有教学发展变革的意识和愿望，那么希望他们的教学能适应汉语国际教育新形势的美好愿望也就会落空。而在教师的专业发展中，教学反思是最为重要的途径，因为教师的发展变化唯有通过教师自身来实现，外部其他的努力都必须通过教师本人意识和行为的变化才能发挥作用。

教师对教学的反思能力，实质上也是其教学适应力和胜任力的重要组成部分。至于教师如何对自身教学的反思进行具体的操作，有学者认为："反思是一种内省的过程。在这个过程中，教师以一种自我批评的眼光来审视自己的教学行为和教学理念。通过这个过程，教师可能会发现一些问题，或一些值得深究的议题，或希望对某些方面做一些改变，或尝试一些新的方法。从中教师

可能确定一个研究题目，开展'行动研究'。事实上，反思是教师发展的一个先决条件，而研究是教师发展的一个理想的途径。"看来，教师进行的反思首先是要发现自己教学中存在的问题，然后通过对教学的研究探寻解决问题的途径，并在教学实践中进行多方面的反复尝试，这样才能使教学反思落到实处并深入、持久地进行下去，从而最终取得理想的成效。

尽管汉语国际教育是一门实践性很强的学科，但是教师的发展仅停留于对教学经验的简单、线性的积累是远远不够的。"美国心理学家波斯纳认为，经验只有经过反思才具有保存的价值。没有经过反思的经验是狭隘的经验，形成的是肤浅的认识。因此，一个教师成长的公式：成长＝经验＋反思。教师通过反思意识到自己的教学观念、信念（信以为真的事物），不断检视自己的行动是否反映了这些信念。"显然，汉语国际教育师资教学经验的积累要与对教学的反思结合起来，他们只有通过对教学的反思才能够加深对汉语教学的认识，也才能使他们在实际教学中的操作完成得更好，从而真正获得自身的发展。汉语国际教育师资进行教学反思的具体方法有很多，有学者就提出："如果教师仅仅满足于获得经验而不对经验进行深入思考，那么他的发展将大受限制。汉语教师可以通过日记、课程观摩、集体讨论和行动研究等方法，在学校、合作教师和研究者等外部支持下，对自己的教学经验进行反思，形成良好的实践性知识，以改善教学，并最终成长为优秀的汉语教师。"可见，汉语教师对教学的反思可以有多种途径和方法，可以适用于不同的教师个体，这些都可供教师根据自身的特点选择使用。汉语国际教育师资培养的过程中，也应结合受训者的具体情况，有意识地培养他们选用或综合运用各种教学反思方式的能力。

（二）汉语国际教育师资的教学反思要与教学实践紧密联系在一起

汉语国际教育的学科特性和工作性质决定其具有实践性强的特点。无论是实践性学科的发展，还是汉语国际教育师资工作能力的提升，都需要通过反思汉语教学的实际操作的途径来进行。"国际汉语教育作为一门有很强实践性的学科，与反思有着天然的密切关系。国际汉语教师的专业发展应不再局限于'传播知识——接受知识'的框架中，'知识''技能'等各项'素养'不应该仅仅通过传递的方式来获得。"教师的专业发展并不是通过知识的传递和获取就可以完成的。教学是一种实践性的技能，而技能并不能仅仅通过传授而掌握，这是显而易见的。因为对于教学内容、教学对象和教学条件等因素，汉语国际教育对教师教学技能的要求更高，所以教师更要依赖对自身教学的反思来进行专业发展。

目前，有关专家学者对教师教学理论认知形成过程的看法也在发生变化，他们认为教师通过与教学实践相结合而动态建构的自身理论才是真正有意义和有价值的，这种理论也被有些学者称为"实践性理论"。在 Alexander 看来，教师的实践性理论应当立足于不同的知识类型：一是思辨性理论（他以此指代那种在教学领域中由思想家所构思而成的理论）；二是经验性研究的发现，以及从事教学实践的教师们的经验性知识。不过没有哪一种知识类型可以被视为知识的唯一来源。实践性理论的概念，突破了历来理论与实践相互对立的认识，凸显了教育教学的特点并切合了教育教学的实际，尤其是切合了培养学习者语言交际技能的汉语国际教育的实际。作为在全世界广大的地域开展的汉语国际教育，实践性理论在这一专业领域中有重要的地位和指导意义。同样，作为在这一广泛而重要的实践性教学活动中的重要参与者，实践性理论在汉语教师自身的发展中，也有重要的地位和作用。

在汉语国际教育的教学实践中，教师要面对复杂多变的教学情境，在采取灵活应对的各种教学策略时，必须以教学实践中形成的相关教学理论为指导。国际汉语教师为了应用既定理论和技能来解决问题，必须具备将理论与技能类别和实践情境特性相连接的能力。问题设定和问题解决是实践者持续地与实践情境进行反思性对话的过程。汉语国际教育师资提升将教学理论与教学实践相结合的能力，要以对教学的反思为主要途径，要以结合实践的教学理论为支撑，要最终发展出自己对教学的独到的深入认识，对教学的反思和理论研究要结合教学实践。对汉语国际教育中教学理论的研究，如果不能最终落实到教学实践中，只是形成了理论研究的自循环或内循环，对教学实践和教师专业发展毫无益处的话，这种理论研究将毫无价值。

（三）教学反思在汉语国际教育师资自身专业发展中的具体作用

对汉语国际教育教学实践进行深入的反思，在教师自身的专业发展上有多方面的重要作用。

1.教学反思有助于汉语国际教育师资打破惯性的教学思想和行为

教师的教学如果只是按照固定的程序重复地进行操作而毫无创造性，其后果将是灾难性的，因为教学所面对的具体情况是千差万别并且不断变化的，而对外汉语教学，尤其是汉语国际教育中的情况尤其如此。教师如果不能灵活应对和及时调整，从而使其教学具有针对性，那么教学工作能否顺利开展将是令人担忧的。教育学家杜威特别强调不要使教学成为一种单调重复的活动，在杜威的眼里，教学不应只被视为一系列预先决定、预先排序的过程，还应是一种基于学术思想、能针对具体教学环境做出不同反应的活动。对教学的新型认知也引发出对教师地位和作用的新认识："教师不再被视为现成知识的被动型传播者，而应被视为问题的解决者，他们具有'对过去进行批判性想象性思索，展开因果联想，发掘探索性原则，进行任务分析的能力；也应具备展望未来，进行前瞻性规划的能力'。"基于反思的教学活动，实际上是要发挥教师的主动性和创造性，使他们在开展教学工作时积极主动地发挥其能动性，这样才能有效地解决教学中层出不穷的具体问题。反思是整体运作的，"反思型教学是一种强调创造性、艺术性以及对教学环境敏感性的整体式教学途径"。在动态的教学实践过程中，新问题是会随时出现的。那种认为只要按照教学程序进行教学就万无一失、一劳永逸的想法是不对的，对新入职的教师尤其有害。这种不正确的认识在教师培训阶段如果已经形成或固化，将会对教师的终身发展造成极其不利的影响。人们常说"教学是一门艺术"，但是如果不发挥教师教学的创造性，那么教学的艺术性也将无从谈起。汉语国际教育师资创造性的养成和发挥，在其初始培养阶段就应当得到重视。

汉语国际教育师资可能会因跟不上时代和教学的发展而形成"积习难改"的惯性，而教学反思可以成为突破这种专业发展"瓶颈"的利器。反思可以使教师打破陈规，更主要的是，这样做有利于他们教学的开展，最终也将有利于学习者的学习。

2.教学反思有助于汉语国际教育师资进一步开展专业学习

教师开展教学反思，实质上也是一个不断进一步开展专业学习的过程，通过这种结合教学实际的专业学习，可以使他们更好地发展自身。"通过以课堂为导向的教学行为研究，积极参与问题解决型的活动，追求反思型教学理念，教师们将能够不断挖掘他们自身的学习潜力，并进一步调动他们的学生的学习潜力。"如果教师不能不断学习新知，而一味地因循守旧，何以能够带动他们的学生对学习产生浓厚的兴趣并发挥出其学习的潜力？反思型教师的行为接近中国古代哲人所认识到的"学而时习之"的学习本质，而教学又必然要为学习者的学习服务，所以教学反思也必然会接近教学的本质。

对于在教学反思中发现的问题，如果教师以往所具有的专业知识和教学经验不足以支持他们对问题进行解决，就必然迫使他们要进一步对教学规律进行探寻，这就可以调动教师们进一步开展专业学习的积极性。教学中层出不穷地出现的新问题，就成了促进教师进一步开展专业学习的契机，也为教师的专业发展指明了与教学实践相结合进行反思的方向。

至于教学反思应当在哪个阶段进行，有学者提出教学反思要在教学完成之后来进行的看法："教学后阶段是教师完成教学后进行总结、自我反思、自我评价的阶段。在此阶段，教师总结经验，这一阶段主要是反思能力。"需要补充的一点是，教学反思的目标所指向的是在下一步的教学实践中对教学的改进，朝向这样的目标去做，就可以使教学反思不仅能获得不断推进的动力，还可以形成教师教学和自身专业发展的良性循环。

3. 教学反思有助于汉语国际教育师资承担起推进教学变革的责任

对外汉语教学目前已经转变为汉语国际教育，而身处这一重大变革时代的汉语国际教育师资也要完成自身的转型，向适应汉语国际教育的专业发展方向转变。作为身处教学实践第一线的汉语教师，还肩负着推进汉语教学变革的责任。有国外的学者提出了"转换型知识分子"的概念，实质上也是为了突出强调教师的这一重要责任和使命："将教师视作转换型的知识分子，这不仅要求教师具有社会政治意识，而且要确定他们能够遵循这种社会政治意识，因此，这一角色概念已不再局限于课堂教学的范畴了。作为一名转换型的知识分子，教师承担着双重任务：他们既要努力推进教育发展，同时还需努力实现个人的转型。"汉语国际教育师资不仅有责任完成自身的转型，还要带动和引导更多的同行进行这样的转型，从而促进汉语国际教育事业的发展。

推进教学变革涉及很多方面，但是汉语国际教育作为新兴的事业，在汉语国际教育师资进行事业开拓的过程中，也为教学变革提供了前所未有的良好机遇。汉语国际教育师资进行教学反思，要注意吸取以往开展教学反思过程中的一些经验教训。对于这方面的经验教训，有学者进行了总结："反思型教师教育运动至少存在着三方面的严重缺憾：首先，反思型教师教育运动主要关注教师角色及其自身发展，将反思当作一个关涉教师以及教师反思能力的内省式过程。这一运动忽视了教师与学习者、教师同事、教学策划者、教学行政管理者之间的互动。其次，反思型教师教育运动关注教师在课堂上的行为，但是对于那些影响或重塑教师反思实践的社会政治因素重视不够。最后，除了对教师过度依赖教学理论权威的做法表达不满之外，反思型教师教育运动并未在多大程度上改变这一现象。"这些经验教训对汉语国际教育师资的启发是，教学反思并不是仅局限于对教师自身行为的反思，还要联系与教学活动相关的各方面的人员，要把反思的视野拓宽到社会生活的方方面面，才能够使推进教学变革的使命得以顺利实现。

对教学实践的反思可以促进汉语国际教育师资自身的专业发展，而且教师是能够胜任教学反思的。有学者分析了教师在教学反思上可以有的一些作为："在批判性教育家看来，教师是一些能够并且愿意进行教学反思的专业人士。他们反思那些能够活跃教学实践的思想原则，他们会将教育原理和教学实践与更广泛的社会问题联系起来；他们相互合作，共同分享教学思想；他们依据教学工作的实际情况而行使权力,他们在教学中体现出了一种更美好的、更具人性生活的教学理念。"这里提出的看似只是一些美好的愿景,但实际上,通过教师们在教学实践中的不懈努力也是不难实现的。

有学者对反思型教师的定义进行了总结,这对汉语国际教育师资对自身的定位和进一步努力的方向都会有所启发:"综合国内外学者的看法,反思型教师就是能够借助先进的教育教学理论及他人的教学经验,积极主动地对自身教育教学观念及其实践活动进行批判性的思考、分析、研究和改进,以不断提高自己的专业水平的教师。"反思的本意就是提倡教师们不依赖教育教学权威和现成的理论,而要通过自身的探索来完善对教学的认识和设计。所以,反思会对教师的教学有益,同时也会对教师自身的专业发展带来极大的益处。

四、反思型汉语国际教育师资的特点和培养策略

汉语国际教育师资经过专门培训和自己的努力成为反思型教师,是汉语教师专业发展的一种重要的途径。在汉语教学中,教师的教学反思具有直接结合自己的教学实践,有针对性地总结自己教学中规律的特点。教学反思具有引领汉语教师超越日常教学,促进他们成长的作用,以及具有促使他们主动反思的目的意义和采取措施改进教学的工具意义,还具有形成理论和指导实践的意义。培养反思型教师,有通过打破习惯做法进行反思、建立教师专业共同体互相交流,以及引导教师深入、全面思考等具体策略。

(一)汉语国际教育师资在汉语教学中进行反思的特点和内容

汉语国际教育师资要想使自己成为反思型教师,就必然要在教学过程中持之以恒、持续不断地进行反思,同时要使自己的教学反思获得成效并从中有所收获,这样才能成为一名反思型教师。汉语国际教育师资所进行的教学反思,是要借助先进理论的指导对自己的教学进行批判性的反思,既要总结自己教学的优点,也要查找自己的不足,还要深入分析自己的不足之处并加以改进。教学反思并不是就事论事地仅进行教学总结,而是要对自己的教学进行研究,而这种研究是与自己的教学实践相结合的,但反思的主要是教学中带有规律性的问题。"反思性教学"即"教学主体借助行动研究,不断地探究与解决自身和教学目的,以及教学工具等方面的问题,将'学会教学'与'学会学习'结合起来,努力提升教学实践的合理性,使自己成为学者型教师的过程"。教师通过教学反思,可以自我剖析自己教学的指导思想和具体操作,明确理解自己教学行为的深层原因,在此基础上,可以更充分地把握自己教学改进的方向和教学创新的目标及路径。

汉语教学的主要教学目标是培养学生掌握汉语交际技能。教学中语言技能培训与语言教学内容的结合会呈现出复杂的局面，这就要求汉语教师要有多样化的教学方法和手段供选择并且能够灵活地加以运用。汉语教师通过不断反思才能寻找到合适的策略，并不断灵活调整教学的方法和手段，而他们自身的教育经历和外语学习经历也同样可以给他们的教学反思带来很大的帮助。有学者提出："你必须通过反省自己早期作为学生的经验，对什么样的教学算是恰如其分的教学的信念，自己作为教师的教学经验并学会从其他教师的教学中得到启发，从而超越理论和研究。"汉语教师尽管可以借鉴他人的理论研究成果，但是教学反思最终还是要得出自己的结论，而且这种教学反思的结果更有针对性和指导意义，同时，也因与汉语教师自己的教学实践紧密结合而更具有强烈的应用性。

（二）教学反思对汉语国际教育师资专业发展的作用和意义

一名教师在其成长的过程中要应对不断出现的挑战、困难和挫折，但也应看到出现这些问题，实际上也是教师改进自己的教学方式从而获得专业发展的良好契机。有学者认为教学反思对教师的专业发展有积极的作用："反思性教学帮助教师从压抑性的、常规性的行为中解放出来，让教师以一种深思熟虑、目的明确的方式去行动，为分析和发展教师的学与教提供了立足点，是加强教师专业发展的一个基本过程。"汉语教师要面临许多日常性的教学操作，极容易陷入这些重复性的日常教学活动中，而难以对自己的教学进行反思。如果我们目标明确地提倡和号召大家成为反思型教师，就可以引导他们主动地超越日常教学活动，从而通过教学反思进行专业发展。

对于汉语国际教育师资专业发展过程中教学反思的意义，有学者进行了总结，认为有目的意义和工具意义两个方面："反思对国际汉语教师的意义体现于两个方面。首先，反思本身就具有'目的意义'。反思是主动性的，正是在反思中，国际汉语教师体认识到自我的价值与地位，从而驱使自我寻找教学环境中出现的各种问题。在此过程中，教师的能动性与主体性得以彰显。其次，反思具有'工具意义'。借助反思，国际汉语教师深入挖掘各种问题形成的原因并采取策略。'反思自己的教学实践'进而发现问题，乃是'改进教学'的前提条件。"我们认为教学反思对汉语国际教育师资专业发展的意义，还应当包括理论意义和实践意义。处于教学第一线的汉语教师对自己教学的反思，可以使汉语教学理论研究的发展直接联系到汉语教学的前沿，教学理论与教学实践的紧密结合可以使理论研究更有价值和指导意义。教学反思可以使汉语教师的教学实践以更为明确的目标来进行，使他们不但"知其然"，而且"知其所以然",使他们的教学实践可以在理论的指导下更好地开展。

(三)培养反思型汉语国际教育师资的一些可选策略

有时,很多教师习惯于对习以为常的教学情况和操作不假思索地接受,对其不进行或不再进行进一步的思考。培养反思型教师就要有意识地打破教师已经形成惯性的教学行为习惯,促使他们主动地多进行反思性的活动。教育学家杜威认为,教学反思有助于打破教师习以为常的"惯常性活动"。"杜威将惯常性活动与反思型活动做了区别。惯常性活动主要是指那些对传统抱着不加批判的信念,始终不渝地顺从权威的活动。而反思型活动则是在一种有意识的、审慎的思考激发下所形成的活动,'这是一种对任何有基础的理念或实践,及其所引起的后果进行有意识的、审慎的思考'。"不断地进行思考虽然是很辛苦的,但是不进行反思就难以改动或推进教学活动向前发展。教学中不断出现的新问题必然会迫使教师对自身的教学活动进行反思,并由此对教师自身的专业发展产生积极的影响。

在汉语国际教育师资培养,以及将来他们在教学中继续进行专业发展的过程中,建立教师专业共同体也是培养反思型教师的重要途径。有学者认为教师专业共同体能够发挥作用是因为教师之间各有差异:"教师每时每刻都要和学生接触,产生各种各样的教学经验,遇到许许多多的教学困境,如何应付不同的教学困境,帮助学生取得进步,不同的教师在教学观、学生观以及处事方式上都会存在差异。"教师之间的差异和教学中的困惑可以促使他们产生迫切地想要与他人交流的愿望和需求,而他们解决教学中问题的目标又是共同的,这使他们可以形成目标一致的共同体。"通过教师学习共同体这座桥梁,使教师内心深处和潜意识中的知识和经验转化为显性知识,得到确认、整理并系统化,与其他教师共同分享和相互促进,进一步提高教师在专业发展过程中的反思和协作能力。"教师共同体的形式可以是多种多样的,主要是能够有效地达到通过教师之间的互相促进、互相激励和互相帮助实现各自更出色的教学反思的最终目标。

对于教学反思的内容,有学者认为并不是泛泛地思考教学,而是要对自身教学的各个方面深入地进行思考:"并非所有关于教学的思考都是反思型教学,如果一个教师从不思考那些指导他或她工作的目标和价值,从不审视自己所处的教学环境,从不检验所应遵循的教学设想,那么我们就会认为这样的教师并没有进行反思型教学。"可见,对教学的反思是综合而全面的,并且还应该是深入的,不能仅仅停留在教学的表面现象上。汉语国际教育师资除对这里已经提及的课堂教学过程中的各种教学问题进行反思以外,对教学目标、教学价值、教学环境、教学设想等一系列的内容也应该进行反思。这对教师们更好地开展教学反思，从而成为反思型教师具有很好的帮助和促进作用。

五、汉语国际教育师资提升通过反思深化教学认识和教学运用能力

汉语国际教育师资要想获得更好的专业发展，就要有意识地提升自己运用教学反思的能力。通过教学反思，教师可以深化对教学的认识，还可以把教学反思的成果运用于教学实践。当教师有能力以教学反思的成果指导教学实践的时候，教师的教学水平也会随之得到提升，所以在师资培养的过程中要重视对教师这方面能力的提高。

（一）汉语国际教育师资要有能力通过反思提升对教学的理论化认知

汉语国际教育师资在进行教学反思的操作过程中，要自主和自觉地反思自己的教学情境和教学情况，力求更好地、更明确地建构自己关于教学的认知，而且这种认知最终要形成对教学的理论化认识。有学者对此强调指出："需要谨记的是，如果缺乏持续自我反思和自我修正的能力，那么一名被当作被动型技术工的教师就很难进入转换型知识分子的教师角色。成功实现这一角色转换的重要一点在于，教师要有能力和意愿超越他们在正式的教师教育中所被动接受的专业理论，去努力思考和建构他们自己的教学理论。"这里提出的"转换型知识分子"的概念，实际上就是在提倡教师要成为具有自我反思能力的主体，有能力把自己教学实践中的亲身感受转换为自身的教学理论，而不是仅仅像一个技术工人那样，只是按照别人画好的图纸进行加工，也就是只会照搬他人已经创造出来的现成的教学理论。对于"转换型知识分子"，有学者还指出："将教师看作转换型知识分子的想法主要源于一些被称为'批判性教育家'的著作中。这些教育家主要包括诸如 Henry Giroux（1988）、Peter Mclaren（1995）、Roger Simon（1987），以及一些语言教学专家，如 Elsa Auerbash（1995）、Sarah Benesch（2001）和 Alastair Pennycook（1998）等人。他们这些人都深受巴西思想家 Paulo Freire 的教育哲学思想的影响。Freire 不遗余力地支持社会政治的解放事业，主张通过教育的民主化进程来为个人增权赋能。"可以看出，教师成为"转换型知识分子"，有助于他们形成对教学的深入思考，有助于他们以明确的意识和指导思想对教学进行批判性的反思，这样才能形成并非人云亦云的教学反思成果。在汉语国际教育师资培养的过程中，要注意使他们有能力超越一些普遍的教学理论，从而有能力发展出他们自己有关教学的理论认识。

汉语国际教育师资的教学反思，不能只停留在对教学经验的回顾和叙述

上，要有能力通过反思，对教学经验进行概括和总结，最后上升到对教学规律的认识和把握，在关注理论学习和以教学理论为指导的基础上，形成自己对教学的系统性的深入认识，最终形成教师个人对教学的理论性认识。

汉语国际教育师资对教学的反思要注重理论化的思考过程，而不能只关注现成的已经有了成果的理论。有学者对"作为产品的理论"和"作为过程的理论"加以区分："Alexander曾将理论视作静态的成品以及动态的产生过程，并加以区别，这一做法值得借鉴。作为产品的理论指的是一个学科的内容知识；作为过程的理论指的是需要理论化的智力活动（思想过程）。可以这样恰当地说，Alexander使用'理论化'这一术语来指代作为智力活动的理论。而作为智力活动的'理论化'并不是理论家所独享的专利，教师们也应该有能力这样做。"作为"后方法"教学理念的倡导者，库玛一再呼吁教师们打破理论建树只属于教学研究专家的传统观念，倡导教师们形成自身理论建构的自信心，使他们最终发展出个人理论化的思考能力和思考成果。

要打破理论只能由教学研究专家学者来研究和发现的传统观念，实际上每位教师都有自己的自觉或不自觉地对教学的认识，只是他们的认识需要通过对教学实践的反思来帮助他们检验其认识是否正确，从而对正确的认识进行确认和巩固，对不正确的认识进行调整和改进，也需要更进一步系统化、理论化地对他们的认识进行总结，使之明确和深化，以便更有效、更全面地指导教师的教学实践。汉语国际教育师资在这个过程中，也可以形成自己钻研教学、探索教学的主动性，从而提升自己的教学水平。教学反思的根本目的，其实还是为汉语国际教育师资的教学实践服务。

（二）汉语国际教育师资在教学反思过程中转变对教学的认识并顺利成长

随着社会经济和现代技术的不断发展，教育教学也在不断地发展，作为从事教育教学工作的教师，也要不断适应这样的变化发展，而对教学的反思也是教师适应这种发展变化的重要途径之一。汉语国际教育师资可以在对教学的反思中转变对教学的传统认识，有学者就此指出："培养反思型教师被认为是对传统的技术型教师观及以胜任为本的教师教育的反动。技术理性主义的教育观把教育教学看成一个传授系统，即用别人设计好的课程达到别人设计好的目标的知识传授系统，而教师基本上承担了技术人员的角色，即手段——目的的中介人。这种教育观使得教师们的视野被狭隘地限定于科目内容及传授方式上，教师仅仅是一个操作工人。"[1]以前有观点认为教学就是传授知识的，认为教师

---

[1] 卢真金.反思性教学及其历史发展全球教育展望[J].全球教育展望，2001(2): 57-63.

的角色就是一个现成知识的传授者,学生也是一个现成知识的被动接受者。在教学的过程中,"教"与"学"双方都毫无自主性和创造性,仅仅是在照搬现成的知识。显然,这种观点对教与学的认识存在很大的偏差,偏离了教育教学培养勇于探索、勇于实践的人才的根本目的,仅仅把教学看作一种传授性活动的传统认识,也使教师的教学活动变得机械和单调。这种教学操作的方式已经不能适应时代发展对教学的需求,所以教师要进行角色转变,而实现角色转变的首要因素就是转变对教学的传统认识。对教学的新认识不再将其仅仅看作一种技术性的操作活动,教师的教学工作也不是一种技术性工种。教师在教学的过程中,可以在进行反思的同时,充分发挥自己的创造性,以此带动所教的学生们也能够在学习的过程中充分发挥自己的创造性。在汉语国际教育师资角色转变和教学观念转变的过程中,教学反思起着十分重要的促进作用。

汉语国际教育师资的成长过程要借助其以往的学习和教学经历中所获得的经验,因为这是与他们自身情况结合得最为紧密的切身经验。切实可感的经验对教师进行教学反思的帮助最大,也最为直接。"作为一个教师,为了理解你目前的教学信念,对自己的经历(如作为孩子、作为学生、作为师范生的经历)进行反思是有用的。反思经验(对自己的或阅读其他教师的故事)会激发起自我透视和建构新的教学目标或新方法。最后,从多渠道讨论自我评价、自我改进和教职工的发展怎样阻碍或促进教师的个人和专业发展,取决于计划目标和反馈的质量。"汉语国际教育师资的教学信念和教学活动在许多方面都会受到自己以往学习经历的影响,但教学反思也不能仅局限于自己的个体经验,还要学习和借鉴他人的经验。因此,汉语国际教育师资要通过直接或间接经验等多种方式开展相关的交流,来补充和完善自己的教学反思。

(三)汉语国际教育师资要重视以教学反思的成果指导教学实践能力的提高

汉语国际教育师资不能为了反思而进行反思,而是要把反思的成果应用到教学实践中,用以指导教学实践,这样就使他们的教学实践成为一种"反思性实践",这样做也可以更好地提升他们教学实践的水平。"而'反思理性'推行的是'实践—反思—开发—推广'模式,它假设,'在实践中遇到的问题非常复杂,需要特定的解决办法'。所以,它认为教师必须通过各种形式的'反思',以促进自己对于专业活动及相关事物更为深入的'理解',发现其中的'意义',促成以'反思性实践'为追求。"在汉语国际教育的教学实践中,汉语师资会遇到多种多样的具体教学问题,但这些问题并没有现成的答案,甚至没有现成的教育教学理论可以用来指导他们解决问题。这就需要汉语师资根据具体的教学情境，对自己的教学实践，摸索出解决问题的具体办法，他们只有充分发挥自己的创造性并依靠自己的努力，才能寻找到问题的解决途径，才能应对教学过程中层出不穷出现的新问题。汉语国际教育师资在教学实践中遇到的问题要找到专门的具体解决方法，而对教学的反思是重要的途径之一。这样一来，汉语国际教育师资就不仅仅是在完成教学任务，而是要以解决问题为目标导向，把多样化的反思融入教学实践中，使得汉语教学成为反思性的教学。

  汉语国际教育师资以教学反思的成果指导教学实践，可以提高教学实践的效果，而形成的"反思性教学实践"也成为一种优质的教学实践。将教学反思的成果运用于教学实践，教学实践就不再是盲目的；而且在教学反思的过程中，汉语国际教育师资也提升了教学实践的能力和水平。教师如果真正实行了有效的教学反思，就可以成为"反思性实践者"，这就使他们不同于一般的教学实践者，而具有了很强的能动性和主动性去思考自己在教学实践中的不足之处，进而能够不断地改进和提高自己的教学，这样，自我反思就成了教师自我提升的重要途径。"反思性实践者"是唐纳德·舍恩在20世纪发表的《反映的实践者——专业工作者如何在行动中反思》一书中提出的概念假设。他认为："'反思性实践者'是复杂情境中能动的问题解决者，这一概念为认识教师形象提供了新视角，凸显了教师作为能动的实践者的主体性和主动性。"作为"反思性实践者"的教师，实际上已经不同于以往只关心自己的教学活动的教师，而是将反思带进了教学的过程中；他们的反思也并非单纯地对教学进行思考，而是与教学实践有密切的联系，这种联系是有益于教学且对教学有指导性作用的。"在这里，反思被看成一种植根于教师内心的、致力于不断丰富与完善教学实践的力量，教师不再是由外在技术与原理武装的'技术熟练者'，而是在实践中不断建构和提升自身经验的'反思性实践者'。"教师的角色在反思性的教学实践活动中产生了转型性的变化，而在这个过程中，对反思的认识也得到了深化，从而能够更好地把高质量的教学反思成果用于指导教学实践。汉语国际教育师资提高了用教学反思的成果指导教学实践的能力，也可以使他们教学水平的提高具有切实的保证。

第三节　高校汉语国际教育师资教学评估能力的培养

一、汉语国际教育师资应当掌握的一些新型的教学评估方式

（一）在汉语国际教育中汉语师资应掌握的真实性评估方式

真实性教学评估（也称真实性教学评价）的内容十分丰富，因此，简单的定义难以解释清楚其内涵。有学者对真实性评估给出了描述性的定义，可以使人们对这种评估方式形成较为全面的了解："真实性评价的一般设计原则包括把握基本学习活动的中心和对我们有意义的理解及能力；富有教育意义和吸引力是课程的一部分，而不是除了'等级评定'以外没有任何其他目的的干扰；反映真实的生活、学科间的挑战；给学生呈现复杂的、不确定的、开放式的问题以及整合知识和技能的任务；经常终止于学生完成的作品或者学生的表现；是设定标准的，指引学生向更高、更丰富的知识水平前进；认可和重视学生的多种能力、各种学习风格以及各种文化背景。"由此可以看出，实施真实性教学评估的要点在于其融合于课程、开放性和真实性相结合、依据学生的作品和表现进行评估等特点。这种评估方式显然不同于单独进行的传统教学评估，也避免了单一地依靠考试进行评估的偏颇。

真实性评估强调的是重视学生的特点，贯彻"以学生为中心"的教育教学理念。真实性评估更多的是鼓励学生发挥其作用，"真实性评价呈现给学生的任务是有趣的、有价值的及与他们的生活密切相关的。真实性评价激励他们提出问题，做出判断，再次思考问题以及调查其他可能性。它承认个体差异，提供多种选择。对许多学生来说，从这种评价方式中最大的收获可能是对学习、学校以及他们自己更加认可的态度"。真实性评估也给学生提供了充分地展示其能力的机会，通过鼓励和激发学生的良好表现，真实性评估更能衡量学生的真实水平。汉语国际教育师资在对学习汉语的外国学生进行教学时，如果掌握和运用真实性评估的方式，可以更准确地把握学生的学习情况和汉语水平。

对低龄的学生进行教学评估，对教学者来说是一个难题。真实性评估具有把教学评估与学生的真实生活联系起来的特点，这也为汉语国际教育解决对低龄学生开展评估的难题提供了便利。"教师支持学生发现课堂学习与儿童实际

生活之间的联系，教师协调这两者的关系，让学生感知到知识之间相互依存、相互联系。真实性评价有助于达到这个目的。这些联系为杰弗里和雷纳特·盖恩所谓的'热认知'的时刻（对学习发自内心的喜爱）做准备是形成终身热爱学习的基础。"真实性评估有助于学生建立起各方面学习内容之间的联系，可以培养学生不断学习的兴趣。开展汉语国际教育时，培养学生的学习兴趣至关重要，是决定汉语教学成败的重要前提。汉语国际教育师资应当充分发挥真实性评估对提高学生学习兴趣的作用。

（二）培养汉语国际教育师资利用学生同伴评估方式的能力

学生参与教学评估活动，也是不同于传统的教师完全主宰教学评估的一种新型的评估方式。学生参与评估时所评估的对象一般是他们所熟悉的同学，他们作为同伴会比较了解所评估对象的情况，因此，这属于一种同伴评估的方式。有学者提出了诸多学生同伴评估方式中的一种："为了让同伴评价成为评价过程的一个更正式的部分，我们开发了许多技术，其中一种技术是让学生正式地相互批评对方的作品。在批评期间，被评估的学生陈述正在进展的作品，解释他们试图取得什么成就以及打算如何取得，其他的学生就什么可以继续、什么需要改进提供详细的反馈。"作为同伴的学生在某些方面对同学比教师有更深入的了解，他们的评估因此也会更准确。除此之外，学生参与评估还有促进评估者自己学习的作用，因为这些被评估的学习活动也是学生同伴都会参与的，评估培养了他们不同的看待学习活动的角度，也可以使他们对学习活动形成更深入的理解。

让学生参与教学评估，并不是为了减轻汉语教师的教学评估任务负担，而是为了达到更好的教学评估效果。汉语国际教育师资还可以把多种评估方式结合起来，使教学评估的结果更为客观。有学者就建议教师把学生自我评估与同伴评估结合起来："可以通过许多方式让学生参与评价过程，也有许多这样做的理由。有些教师把自我评估和同伴评估作为评价计划的一个常规部分，他们发现，再也不用评改学生做的每份试卷了。更重要的是，在对自己或他人作品的评定过程中，学生开始承担越来越多的责任，他们开始内化评价标准并以这些标准作为自己日后努力的方向。随着评价过程中学生自主性的增加，他们将获得一种对自己的学习和成长负责的感觉。"汉语国际教育师资运用学生同伴评估的方式，可以通过赋予学生评价的职责，实现增强学生学习责任心的目标，而这样做还对学生自己的学习有促进作用，所以，汉语国际教育师资要有效运用这种评估方式。

（三）汉语国际教育师资在汉语国际教育中采用团体等级评估的方式

与前两种教学评估方式不同，团体等级评估方式主要由教师来完成。团体评估是由多人参加的一种评估方式，其目的是减少个人评估时的主观性。"团体等级评定是减少评分主观性的另一种方法，这种方法用多数人认同的判断来代替一个人的主观性判断。在这个过程中，个人评分的主观性减少到最小甚至被消除。"汉语国际教育的评估活动，虽然有不少的客观性评估，但是也难免有许多主观性的评估活动，如对学生的输出性语言表达技能（说、写）的评估，常需依靠主观性的评估手段，而要想避免评估结果的主观性，采取团体评估的方式是一种很好的途径。

团体等级评估的适用面比较广泛，通常是教师们集中进行评估活动，投入的时间可以灵活安排，根据评估工作的不同时间长短可以有所不同。"团体等级评定的参与者一般是教师，他们聚集在一起对大量的成长记录袋、表现样本或者测验进行评分。等级评定的时间视工作量而定，短的时候只用一天，长的时候可能需要一周。"对参与团体等级评估的汉语国际教育师资要事先进行专门的培训，而受训师资的主要工作是要掌握确定统一的评估标准的方法，确保开展评估工作时大家能够达成一致的评估标准。"团体等级评定从培训开始，在培训期间，参与者学习如何对表现、试卷或者成长记录袋进行评级，评级的根据是一套大家都同意的标准。通常等级评定者以团队的方式工作，每个团队由一位富有经验的领导者领导。"教师们所共同确定的统一的评估标准，应当获得每一位参与评估的教师的认同和认可，同时要安排团体评估团队领导者来协调评估的整体工作。

保证团体等级评估客观性最为关键的是确保评估标准的一致性。在团体等级评估中，汉语国际教育师资仍然是各自单独进行评估活动的，但是要避免汉语师资的评估，因为他们的主观性过强而出现偏差，就要确保他们每个人都参与到使评估标准达到一致的准备活动中。有时这个过程并不是一次性就能完成的，有学者就提出了一种校正评估标准的具体操作方法："在每个人都对样本进行评分后，团队成员聚在一起进行校准。这包括比较每个人的评分，找出意见不一致的地方，然后达成一致意见。作为这个过程的一部分，等级评定者要对他们用来评分的标准进行严格的探讨。他们也可能要面对偏见，诸如对拼错的单词或者不规范的书写的厌恶，校准一直维持到整个团体在每个样本的评分上达成一致为止。这时，事先选出的那些样本就可以作为标准试卷或者基准样本，来对其他试卷教学进行评分了。"这种团体评估是要先确定评估对象的等级标准，然后再具体实施评估操作的，评估标准的确定是首要的，这要经过一个反复校准的过程才能确定，其结果就是形成一个标准的评估样本作为所有教师评估时参照的范本。应当创造实践或模拟的机会，培养汉语国际教育师资掌握这种确定评估标准和开展团体等级评估的能力。

二、汉语国际教育师资新型教学评估方式创新能力的培养

（一）汉语国际教育师资利用现代教育技术发展新型汉语教学评估方式能力的培养

在当今世界上的语言教学评估工作中，现代教育技术的应用越来越广泛，而这些新技术有助于形成新型的评估方法，促进语言教学评估的发展。汉语教学的评估工作有时确实会让汉语国际教育师资感到负担比较重，但新技术所带来的高效率可以使教学评估工作更加易于开展。因此，汉语国际教育师资很有必要掌握利用现代教育的新技术发展新型教学评估方式的能力。档案袋的评估方式就是一种新型的评估方式，而与新技术的结合可以使这种评估方式更好地发挥其作用。有学者论及："新技术的应用可以和档案袋的评价方法配合起来使用，使用文字处理系统写出的文章和学生自己制作的多媒体文稿也可以组成一个档案袋；技术也可以为档案袋的创建提供条件和环境，储存和组织学生的工作、扫描艺术图片、保存声音文件；教师、学生和家长都可以对这些作品进行评价。"新技术可以使档案袋的形态变为电子化的，而电子化的档案袋更易于汉语教师建立、整理和归纳。档案袋的内容也因多媒体技术的应用而更加丰富，除了传统的文字材料之外，还可以保存含有图片、音频和视频类的电子档案，从而有助于汉语国际教育师资更为便捷高效、全面立体地进行评估工作。利用电子资料易于复制和传播的优势，还可以使更多的人参与到教学评估的活动中，由于有不同的评估视角存在，就可以使教学评估得出的结果更加客观、公正。

在开展汉语国际教育时，利用现代教育技术开展教学评估工作，可以有多方面的作用。有学者提及了其中的几个方面："申右德和弗雷德瑞克森还强调技术可以帮助教师设计出更真实、更复杂的学习活动，可以把学生的作品复制下来，可以用各种新技术工具解释学生的作品，可以使更多的人参与评价活动，可以把计划或工作打印出来。"由此可以看出，利用新技术还可以帮助汉语国际教育师资更为便捷、有效地分析教学评估的结果，并且把这种教学评估的结果更直观地展示出来。汉语国际教育师资利用现代教育技术在信息处理加工方面的优势，可以更充分地发挥教学评估在促进学生学习方面的优势和良好作用。

（二）汉语国际教育师资发挥学生参与教学评估的作用以创造新型的评估方式

汉语国际教育在新形势下要想在教学评估方式上有所创新，就需要改变教学评估的主体和操作者只是教学者的情况，新型教学评估方式的创新更要注意提高学习者在教学评估中的参与度和作用。有学者就提出："在国际汉语课堂教学中，有些教师囿于中国传统教育理念，师生的等级观念非常强，以教师为中心或是主体的评价语是树立教师权威的重要保障。为了适应汉语国际教育对新型教学评估方式的要求，汉语国际教育师资必须改变以教师为中心的传统教学评估理念，充分发挥学生参与教学评估的主动性，要充分激发学生参与教学评估的热情和积极性。"

在传统的教学评估方式中，汉语国际教育师资出于帮助学生提高汉语水平的目的，经常容易出现指出和纠正学生偏误的评估倾向。实际上，在跨文化交往过程中，师生间需要进行意义协商。所谓的意义协商，就是教师应该营造一种平等、民主、协商、和谐的氛围，在这种氛围中，不同的文化属性才能得以并敢于彰显，从而实现异文化之间的相互理解，实现共通与共识。教学评估也涉及跨文化交际的问题，而要解决好这方面的问题，就需要汉语国际教育师资在教学评估的工作中通过师生之间协商的方式，把学生引入评估工作之中，从而解决汉语师资的教学评估工作"水土不服"并且让学生们不满意的问题。此外，汉语国际教育师资要有意识地调整自己，营造出师生平等的教学评估氛围。这样，学生们的参与才能取得良好的效果，师生之间的合作也才能顺利进行并取得实质性的有效评估成果。

（三）汉语国际教育师资要创造鼓励学生汉语学习的新型教学评估方式

汉语国际教育师资对学生采用鼓励性的评估，可以起到促进学生更积极地学习的作用和效果。有关专家的研究已经证明了这种评估方式对学生的鼓励作用：著名语言学家纽南通过研究表明，教师在进行积极反馈时，不仅能使学习者知道他们正确地完成了任务，还能通过赞扬增强他们的学习动机，因此积极反馈比消极反馈更有利于改进学习者的行为。以鼓励学生积极学习汉语为主的新型教学评估方式，要求汉语国际教育师资在教学过程中对学生多进行积极的反馈，也就是对学生的正确的语言表现多加注意和鼓励。这样的积极反馈对学生的汉语学习可以有多方面的促进作用，也有利于汉语国际教育师资最终实现其教学目标。

（四）汉语国际教育师资利用任务型评估方式创建新型的教学评估方式

任务型语言教学是新型的语言教学方式。如果汉语国际教育师资采用通过学生完成任务的方式对他们的汉语学习情况和汉语水平进行评估，也可以形成创建新型教学评估方式的新思路。"国内实践表明，采用任务型语言教学可以较好地实现跨学科、综合学科的学习，使语言贯穿于其他学科学习。实施任务型语言教学有助于评价体系的完善，它可以使我们更新评价的观念——注重过程评价；调整评价的手段——各项技能的综合评价；充实评价的方法——以人为本的全面评价。"汉语国际教育师资如果能够采取任务型语言教学的新理念从事新型教学评估方式的创建工作，可以带来教学评估观念、手段和方法的全面更新，这样做还可以丰富汉语国际教育师资的教学评估内容，使他们进行教学评估有更多的选择和创新的余地。

语言教学走向综合是一个重要的发展趋势，而语言教学评估中也越来越注重综合考查学生的语言能力。任务型语言教学的评估方式，正是通过学生实际运用目的语完成任务来进行综合、全面考查的。有学者提出："要考查语言运用能力，不能仅仅考查单项的语言能力，而需要综合地考查，也就是在实际运用语言的情况下，才能真正考查出运用能力。正如 Skehan 所说的：能力如果不和语言的运用结合是没有意义的，而通过完成任务则能体现出学习者综合能力并能预测他们今后能力表现的理想方法。"汉语国际教育师资应当具备借鉴任务型教学评估的方式，创建适合汉语国际教学使用的新型评估方式的能力，在师资培养时要使他们有能力跟上世界语言教学评估的发展潮流，使所创建的教学评估方式更能适应汉语国际教育发展所提出的新要求。

第四节 高校汉语国际教育师资培养过程中的文化培养

一、提高文化教学能力在汉语国际教育师资培养中的重要性

（一）在跨文化交际中文化误解的严重性凸显了师资文化教学能力提升的重要性

由于跨文化交际是发生在不同特点的文化之间的，具有不同特点的文化必然存在差异，这种差异容易导致文化误解，在文化误解严重时甚至会产生文化冲突。跨文化交际是拥有不同文化的人之间的交际，由于交际信息编码与解码

间的文化差异，不同文化之间交际时常常会出现信息的失落或信息的误解，甚至还会出现信息的文化冲突。跨文化交际有着不同于一般的同一文化内部交际的特点，同一文化圈内部的人员对他们之间交际的特点由于习以为常而习焉不察，但是在跨文化交际中，这些特点就凸显出来了。对于这些特点，有学者总结为：就是在不同文化之间进行交际时，由于文化不同，交际者的历史传统、生活习性、风俗习惯、交际规则、思维方式，乃至价值观念等各方面都会有所不同。这种多方面的不同所造成的文化差异，会对跨文化交际产生不利的影响，"这些方面的文化差异容易造成跨文化交际中交际信息的失落、误解，甚至文化冲突，最终还可能导致文化交际的失败，无法实现跨文化适应"。由于文化差异造成的文化误解所导致的跨文化交际失败，可能给汉语国际教育师资带来意想不到的巨大损失，从而导致汉语教学和文化传播的工作难以开展。尤为可惜的是，这种损失完全有可能是在没有意识到的情况下发生的，而当损失出现以后，往往又难以挽回。

传统的教学观念、教学方式已经不适应汉语国际教育新形势发展的需要。世界范围内第二语言教学的变革已然开始，多方面的语言教学探索已经在开展，文化教学给汉语教学的新发展带来了更为明确的方向。汉语国际教育的开展也使文化传播有了更加明确的目的，这就是促进文化理解并达到相互的交流和共同的发展。促进文化交流是中国和世界各国共同的迫切需求："柏林市市长对我说：'文化交流是最重要的，我们就是要激发中学生的汉语兴趣、大学生的文化兴趣、大众的中国文化之可感知。'这是翻译问题呢，还是他原来就这么用词呢？'可感知'三个字非常值得深深地体味。"（许嘉璐，2008）文化传播以语言为媒介，可以更加深入、便捷并且达到更好的效果，也可以使国际社会认识到中国所开展的汉语国际教育并不是以改变他人为目的的，而是期待着不同文化背景的人相互之间可以更加理解与信任。

（二）汉语国际教育师资掌握文化教学能力对实现汉语教学目标十分重要

汉语国际教育师资在教学观念和教学意识上，只重视学习者语言交际能力的发展是远远不够的，这样对语言教学的认识和理解未免狭隘。有学者提出："语言交际能力仍然是多数教师认为的二语教学的唯一目的。语言交际能力虽然是主要的交际能力，但不是完整的能力，还应包括非语言交际能力、交际规则转化能力和跨文化适应能力。"显然，在汉语国际教育中，如果仅仅局限于对语言的教学，是难以完成全部的教学任务和教学目标的。对汉语国际教育师资的培养，也不能仅仅局限于汉语教学技能的培训。"是否不以语言技能教学为唯一中心？因为让目标人群对中国产生兴趣可能是最重要的。所以，派驻上述地区的教师除了掌握语言本体知识与一般的语言教学技能外,更重要的可能是对特定对象的深切了解以及中国文化传播技能、跨文化交际能力等。"可以说,汉语只是中国的一个方面,尽管这是认识和了解中国的重要途径和手段,但是中国不仅仅有汉语,中国还有更为丰富多彩、博大精深、绚烂无比的中国文化,而这些是更有吸引力和传播力的中国元素。因此,汉语国际教育师资运用文化要素的能力就显得更为重要。

开展中国文化教学,除了可以吸引更多的学习者外,更重要的是可以更好地满足学习者的认知需求,即他们了解当今和以往的中国,以及理解和学习中国文化的需求。所以,也可以认为文化教学与实现汉语学习者学习目标的相关度是最高的。汉语教学界一再强调语言教学目标的设定要以学习者的需求为准则,由此制定出汉语教学以培养学习者的交际能力为教学目标。但是进一步考虑,学习者掌握目的语交际技能的目的又是什么呢?实际上,他们是要进行跨文化交际,由此达成跨文化理解,因此,汉语国际教育师资要重视和掌握文化教学能力,这对更高水平地完成汉语教学任务至关重要。

（三）发展高层次汉语教学的能力需要汉语国际教育师资重视文化教学

语言教学发展的新趋势所拓展出的一些新理念和新形式,如任务型教学、合作教学、自主课堂等是关注人们之间的社会性互动的结果,而不是只停留在对知识的理解、对技能的掌握上。而跨文化理解、交流是困难的,是语言教学更高层次的发展,也是对语言教学更高的要求。促进学习者跨文化交际的文化教学,是对语言教学更高层次的要求,是语言教学进一步发展的需要。汉语教学更高的目标,应当是使学习者"得意而妄言"。如果学习者随时随地关注着语言形式,随时随地担心着目的语使用的错误,那么,他们对目的语的掌握一定是不熟练的,汉语教学也就没有达到培养学习者交际能力的目的,教学没有达到应有的效果。

汉语教学如果只是停留在语言形式的教学上,不考虑教学内容的重要性（内容曾被认为不是语言教学应当考虑的事情）,就会使语言教学脱离社会;如果只是关注语言形式的教学,失去了对语言教学目标的针对性,变成了枯燥的形式操练,则意趣全无。问题的解决之道,应当是把语言教学引入与中国文化的传播相结合上去。对语言及语言教学只是进行工具性的理解还不够,应以建立人与人之间的良好关系为目的,以文化传播、文化交流为目标来教授语言,就可以实现不同文化背景的人群之间的相互理解了。

汉语国际教育师资要想顺利地开展跨文化教学和跨文化交际,还要特别重视对母语文化（中国文化）的学习和掌握。有学者就尖锐地指出："在跨文化交际学习与研究中，人们习惯于关注外语和外国文化，对母语和母语文化却重视不足，有些人甚至轻视对母语和母语文化的学习和研究，这不仅极不正确，也是十分有害的，因为他们会忽视跨文化交际的根基和方向，更谈不上跨文化意识，因而无法进行跨文化交际。"确实，汉语国际教育师资所要开展的跨文化交际必然要与其母语文化（中国文化）相关联，如果不努力掌握汉语和中国文化，那么肯定不能做好跨文化交际，因为交际对方正是基于汉语师资是汉语和中国文化的传播者才与之进行交往的，而跨文化交际的意愿和目标也是开展国际教育文化教学的基础。

二、汉语国际教育师资应重视语言教学中的文化问题

（一）重视语言教学中的文化教学是汉语国际教育师资专业发展的必然途径

不同文化背景的交际者之间在语言等方面的差异容易形成沟通和交流的障碍，因此，如果要达到交际双方的相互理解，就更需要加强彼此之间的沟通，但要消除这些障碍却并非易事。在语言交流中，并非交际者只需使表达的语句完整、语法正确无误就能解决一切交际问题。在沟通技巧层面，学生们仍然有许多需要学习的内容。不同文化之间沟通、表达习惯的不同常常也会带来交际障碍，这就涉及跨文化交际方面需要解决的问题。

加强语言教学中的文化教学并非轻而易举，这是因为文化的教学不依托于语言交际就难以独立进行。文化的问题在汉语国际教育中受到了一定程度的重视，也对汉语国际教育师资进行了中国文化才艺的培训。但是在实际的教学中，文化教学与语言教学常常是两不相涉的。有学者就提出，汉语教学中的文化活动有许多局限性，"在外语教学及国际汉语教学中，文化活动本身的局限性主要体现在四个方面：（1）它无法作为独立的技巧手段；（2）它是不完整的学习活动；（3）它缺乏与语言信息的共时展示；（4）它缺乏对语言信息处理过程的'同步融入'。在缺乏干预的情况下，这样的局限性会使'对文化信息的学习'与'对语言信息的学习'形成实际上的相互分离"。实际上，要想把语言教学与文化活动结合起来是有一定难度的，且结合得不好很可能会分散学生的注意力，争夺有限的学习资源（时间、精力等），偏离培养语言交际能力的语言教学目标，因此，汉语国际教育师资要重视文化教学的问题，并且设法处理好相关问题。

第三章　高校汉语国际教育的师资养成

（二）在海外环境的汉语国际教育师资要探索新的文化教学方式和新的教学思路

汉语国际教育师资在海外开展汉语教学时，必然要面临跨文化的交际环境，而他们所要完成的语言教学和文化教学任务也会面临一些如何取舍的两难处境，传统的讲授式的教学方式已经难以应对和满足教学的要求。例如，笔者在对赴美汉语教学志愿者进行培训时，遇到一位即将赴美国高中任教的志愿者，赴任学校要求她要开展较多的中国文化教学。她在培训之后的教学试讲时，选择了介绍汉语中打招呼的特有表达方式（如"你吃了吗"等）作为教学试讲的文化主题。她在进行教学设计和实施试讲时，采用传统的知识教学方式，但是这种"教师讲、学生听"的教学方式却遇到了困难。她想要介绍"你吃了吗"这句汉语问候语背后的文化意蕴，但是遇到了两难困境：如果文化教学的内容用目的语汉语来介绍，会超出学生的汉语水平，使他们难以理解；可是用学生的第一语言英语介绍的话，又达不到开展汉语教学的目的。这在汉语国际教育师资面前就出现了一个使用何种媒介语言开展文化教学的问题。

面对她的困惑，笔者给出的建议是：可以采取任务型教学方式，让学习者自己自主地去探索、发现中国人打招呼和问候的各种表达方式及其中蕴含的文化意蕴。把对这些学习内容的介绍作为任务布置给学生，可以安排学生分组合作来完成任务，然后每个小组派出代表用汉语来介绍，并且比较评价各组之间介绍的特点和水平；一些与表达主题相关的关键词语和表达方式，可以提前介绍给学生们；在学生介绍、教师总结之后，再次回到语言本身，用"聚焦语言"的方式，使班上的每位学生都在汉语学习上有所收获，在活动中提高汉语水平。

通过这样的方式，学生不仅学得和练习了目的语，还了解了中国人的交际习惯及其中的文化动因。教师在教学过程中，仍可以对学生进行引导、指导和纠偏，但不必长篇大论地讲解。这一主题的教学，还可以扩展到与其他国家的同一文化项目的比较，布置任务让学生找出异同，并说明原因。由此可见，汉语国际教育师资如果采取这样的方式进行教学，既可以使在海外开展的汉语文化教学能够顺利进行，也可以与语言教学不相脱离，同时也有效实现了汉语教学的目标。在海外环境下开展教学的汉语国际教育师资，要根据具体的教学任务和目标探索新的文化教学方式和教学思路，这样才能顺利地完成教学任务，取得良好的教学效果。

（三）汉语国际教育师资跨文化交际能力是解决文化教学问题的重要基础

在汉语国际教育中，汉语师资要想完成汉语教学的任务，仅仅重视对学生们进行言语技能和言语交际技能的培训是远远不够的。随着汉语教学研究的深入，学生跨文化交际能力的培养日益受到汉语教学界的重视，甚至被认为是汉语教学的中心任务，柯彼得指出："将来的国际汉语教学……都应该以跨文化能力以及跨文化交际能力为焦点。"这里所提及的"跨文化能力和跨文化交际能力"包含许多内容，柯彼得认为主要应包括语言和文化两个方面的能力："这也包括要系统地使用两种语言和文化的对比方法，以增强学习者在母语和汉语之间，也包括在自己的文化和中国文化之间按需转换角度的能力和识别文化差异的能力。"汉语国际教育师资要完成好培养学生跨文化交际能力的任务，自身就应当具备跨文化交际和教学的能力，以及相关的跨文化交际知识，这样才能胜任汉语国际教育发展提出的新要求。

汉语国际教育师资在海外开展汉语教学时遇到的跨文化交际问题比在中国境内更为突出，在海外，经常还会遇到学生的语言背景相同而文化背景多元化的复杂情况。此时，汉语国际教育师资具备跨文化交际能力就显得十分重要。"实际上，汉语教师在面对来自不同文化背景的学生时，不但要了解学生文化的多样性，尊重来自不同文化背景的学生及其独特的学习方式，而且要保持对文化的多样性的警觉。特别是在汉语国际推广的背景下，越来越多的汉语教师赴海外进行汉语教学，在海外非汉语环境下从事汉语教学，更需要教师具备跨文化交际的实践性知识。"汉语国际教育师资要具备跨文化交际和教学能力及相关知识，就要经过专门的系统培养；同时，只有亲身实践这些知识和能力，才能有更深刻的体会和更为深入、全面的掌握。

许多汉语国际教育师资（尤其是新手教师）还不能适应这样的时代要求，他们的跨文化交际能力和跨文化教学能力都还存在许多不足。有学者就指出："新手与熟手教师比较明显的差异表现在跨文化交际知识上，熟手教师比新手教师运用了更多的跨文化知识。这表明，具备跨文化交际知识和能力并在课堂教学中加以运用，是熟手教师区别于新手教师的重要特征之一。"在汉语教学中，汉语国际教育师资运用跨文化交际知识，不仅可以使教学顺利开展，还可以避免出现跨文化的教学障碍，更为重要的是可以实现学生跨文化交际能力培养的汉语教学目标。我们可以认为，汉语国际教育师资的跨文化交际能力和跨文化教学能力是开展汉语国际教育的基本能力，同时是他们解决汉语教学中文化问题的重要基础，应当引起足够的重视，并采取措施进行有效的培养。

第四章　高校汉语理论的深入

汉语理论语法是指对汉语语言规律的认识和研究，它无疑是我们汉语国际教育学科的理论基础。汉语理论语法研究得越深入、越透彻，对我们的教学帮助越大。结合教学实际对高校汉语理论进行深入研究，对汉语教学语法体系的构建及教学活动的开展都是大有裨益的。

第一节　汉语要素分析

一、完备封闭的语音系统

从语言学基础理论来看，每种语言都有与其他语言相通的共性，也有不同于其他语言的个性。美国语言学家乔姆斯基1981年提出了著名的管辖理论："这一理论强调所有的人类都受到人类生理特点的限制，人类语言是每个在世的人与生俱来的能力。在人的语言能力范围内，有的能力（或规则）是全人类共有的，有的则不然。""全人类共有的能力或规则被称为普遍语法。共同语法又包括一系列语言的限制规则或参数，不同的语言限定的语言参数也不同，因而产生出各种具有自己特色的语言。"这是语言学的基本规律，汉语自然也不例外，而且这些特点在其各种要素，如语音、词汇、语法及其书写符号——汉字上都有显著的表现。

中国著名语言学家王力先生指出："中国语言学是源远流长的。早在两千多年前，我国语言学就已经产生了。那时不叫语言学，可以叫语文学。从广义说，语言学也应包括语文学。中国语言学的历史可以分为四个时期。第一，以文字训诂为主的时期。这个时期的代表作是东汉许慎的《说文解字》，它是研究文字的；还有研究训诂的，这便是《尔雅》。第二，以音韵为主的时期。代表作是隋代陆法言的《切韵》，此外，宋代一些韵图也是代表作。韵图的学问叫等韵学，等韵学来源于印度，所以我们说我国古代也有洋为中用，等韵学就是一例。第三，文字、音韵、训诂全面发展的时期。这个时期的代表是清代乾隆、嘉庆年间的语义学派，通称乾嘉学派。他们文字、音韵、训诂样样搞得很好。这个时期是中国语言学全面发展的时期，也可以说是中国语言学的黄金时代。第四，我们叫它"洋为中用"时期。如果把马建忠的《马氏文通》也算是洋为中用的话，那么到现在只有80年的历史。在这80年中，我们吸收西方语言学的理论，回过头来研究我们自己的语言，就使中国的语言学进入一个崭新的阶段。"[1]时至今日，可以说中国的语言学又进入一个崭新的阶段，无论是对汉语的综合性研究，还是对汉语各要素的研究，都取得了许多实质性的进展，由于后者对汉语教学的影响更为直接，故而我们重点讨论后者。

汉语语音系统是完备而封闭的，从第二语言教学的角度来看，其完备性可展示为丰富多样的语音现象，而其封闭性则有利于外国人在一个相应的时间段内掌握汉语语音。汉语语音的特点是音节结构简单且界限分明，同时具有声调。汉语的音节结构具有很强的规律性：元音一般在音节中不可或缺，一个音节内部最多可连续出现三个元音；辅音主要在元音之前，即音节的开头，只有少数辅音会在元音之后，即音节的末尾，处在元音前后的辅音一般只能有一个。汉语音节可分为声母、韵母和声调三个部分。声母指音节开头的辅音，如果一个音节中没有声母，则为零声母音节；韵母指声母后面的成分，可以是一个元音，也可以是元音的组合或元音和辅音的组合；声调指整个音节的高低升降，具有区别意义的作用。根据《汉语拼音方案》，汉语普通话有21个声母、35个韵母、4个声调。除此之外，汉语语音还有一些特殊现象，所以教育者在进行汉语作为外语教学时需要引起足够的重视。

第一，连读变调，即2个或2个以上音节连在一起时，音节的高低升降会发生变化。例如，在普通话里，"一"和"不"这两个字的声调会受其相连音节声调的影响而出现变读现象，变调规律如下：

（1）"一"和"不"单念，用在词句末尾，或者"一"在序数中时，声调不变，读原调，即"一"为一声，"不"为四声。例如：一、不；统一、偏不；一二三。

（2）"一"和"不"在第四声前，一律变为第二声。例如：一夜、一样；不错、不够。

（3）"一"和"不"在第一、二、三声前都读第四声。例如：一般、一群、一起；不香、不行、不管。

---

[1] 王力，陈振寰. 王力文选[M]. 桂林：广西师范大学出版社，2000：11.

（4）"一"和"不"也有轻读的情况。①"一"和"不"嵌在重叠的动词或形容词之间时，如：谈一谈、笑一笑；要不要、好不好。②"一"和"不"夹在动词和补语之间时，如：看一眼、想一下；记不住、忘不了。

第二，轻声音节，即音节读得短而轻，没有明显的高低升降变化。有时轻声音节具有区别意义的作用，这样的轻声在给学生正音时必须特别注意。

例如：

（1）东西

① dōngxī，方向：我总是认不清东西南北。

② dōngxi，物件：这种东西我从来没见过。

（2）地道

① dìdào，地下通道：过马路走天桥和地道比较安全。

② dìdao，纯正的：那家馆子的川菜特别地道。

第三，儿化韵，即"儿"音节处在其他音节之后时，往往和前面音节的韵母合并成为儿化韵。儿化韵也像轻声一样，有时具有区别意义的作用，与此相关的发音错误必须纠正。

例如：

（1）老人：年纪大的人。

老人儿：资格老的人。

（2）没劲：没有意思。

没劲儿：没有力气。

综上所述，可见，汉语语音系统是完备封闭的，其内部语音的配合无论从语音学的角度来看，还是从实际使用的情况来看，都是有严格的规律可循的。这些规律性的东西我们应该在汉语作为第二语言的教学时特别关注，并潜移默化地教授给学生。

二、动静相宜的词汇意义

词汇是有意义的，符淮青先生在《词义的分析和描写》一书中专门阐释了自然语言对词义的表述问题。

词义在意识中的呈现具有多形态的特点。词义可用较准确的扩展性词语表示，也可用不大准确的扩展性词语表示。在这两种情况下，词义都是用扩展性词语表述的。我们看一个词典释义的例子。

雕：鸟类的一属，猛禽，嘴呈钩状，视力很强，腿部有羽毛。（《现代汉语词典》，以下简称《现汉》）

被解释的词是一个语言单位的符号，解释的词语是多个语言单位组成的符号串，即扩展性词语。从表面上看，二者都不是意义本身，但它们既是语言符号，也承载着一定的意义内容。在语言中，正是用多个语言单位组成的词语的意义内容，即扩展性词语的意义内容，表示一个语言单位（这里指词，或相当于词的语言单位）的意义内容。人们看到用来释义的扩展性词语，会在大脑中引起一连串旧痕迹（以前的刺激物留下的痕迹）的复活，引起一定的思维活动，明白词语的意义作用，这样就理解了词义，有时还会伴随一定的表象想象活动。读了上面"雕"的释义，见过雕的人头脑中会出现它的形象，这是表象印象；没见过雕的人，受解释词语的作用，头脑中也会浮现出近似它的形象，这是想象。这也有助于词义的理解。

扩展性词语是如何实现词义的表述的呢？

1. 归类、限定

利用词语上下位系统的关系，将被解释的词放在适当的上位概念中，这是归类；再给表达上位概念的词语以各种修饰、限制，这就是限定。如（以下释义未标出处者皆引自《现汉》）：

渔民：以捕鱼为业的人。

财权：财产的所有权。

鸟瞰：向下看。

通红：很红，十分红。

上面加点的词语，表示被解释的词的上位概念，其余是修饰、限制的词语。

2. 描写、说明

广义地说，归类限定中就有描写说明，但这里所说的是非归类限定的描写说明，是把被释词所表示的现象、情状具体地说明描写。如：

摩挲：用手按着并一上一下地移动。

搭讪：为了想跟人接近或把尴尬的局面敷衍过去而找话说。

萧条：寂寞冷清，毫无生气。

顺利：在事物的发展或工作的进行中没有遇到困难阻力。

3. 否定、对立

碍眼：不顺眼。

沉默：不说话。

动：跟"静"相对。

短：跟"长"相对。

每种类型都有多种复杂的变化。[①]

然而，词汇的意义有静态、动态之分。所谓静态意义，即词典所阐释的意义；所谓动态意义，即在特定的语言环境中的意义。例如，对于"一掷千金"这个词，《现汉》是这样解释的："原指赌博时下一次注就多达千金，后用来形容任意挥霍钱财"[②]，而它出现在一些特定的上下文中的时候，无法用这个意思来解释。

刚才是从静态意义到动态意义的角度来说的，现在再从动态意义到静态意义的角度看一下。在这里需要强调的是，不能因为词语在实际运用时具有灵活性就随心所欲地解释，而且看似简单的词语往往有着复杂的文化内涵。

三、辩证统一的语法关系

在汉语作为外语的教学中，免不了要进行各种各样的语法分析。关于语法分析，朱德熙先生说过："进行语法分析，一定要分清结构、语义和表达三个不同的平面：结构平面研究句子里各部分之间形式上的关系；语义平面研究这些部分意义上的联系；表达平面研究同一种语义关系的不同表达形式之间的区别。这三个方面既有联系，又有区别，不能混为一谈。"[③] 由此可见，语法关系是一种辩证统一的关系，以意合为突出特征的汉语尤其如此。

无论是语法教学还是语法研究，抑或是语法教学研究，都应注重汉语语法中诸多相对应的关系，如形式与意义、结构与功能、静态与动态等，但侧重点和具体表现方式自然应当有所不同，下面便分而述之。

（一）形式与意义

这里所说的形式与意义，指的是语法形式与语法意义。"在语法研究中贯彻形式和意义相结合的原则已为多数人接受，但如何贯彻这个原则还有不同的意见，主要是从形式出发还是从意义出发的问题。我们认为：从生成程序即从编码角度着眼，是从意义到形式；从发现程序即从解码角度着眼，是从形式到意义。形式是现象，意义是本质，语法研究要通过现象去发现本质，所以原则上应从形式出发去发现意义，整个研究过程是形式→意义→形式→意义……"反复验证，最后才能确定一个语法范畴的意义和形式，并集范畴而构成体系。当然，从表述研究结果来说，既可从形式到意义，也可从意义到形式，那是由作者的表达思想决定的。但不管怎样表述，都要使形式和意义互相渗透，讲形

[①] 符淮青. 词义的分析和描写[M]. 北京：外语教学与研究出版社，2006：64.
[②] 商务国际辞书编辑部. 现代汉语词典[M]. 北京：商务印书馆国际有限公司，2017：38.
[③] 崔应贤. 现代汉语语法学习与研究入门[M]. 北京：清华大学出版社，2010：53.

式的时候能够得到意义方面的验证,讲意义的时候能够得到形式方面的验证。由此可见,我们研究语法,自然要探索汉语各种语法范畴的形式和意义之间对应的或互相渗透的关系。

(二)结构与功能

从语法的角度来看,不同的结构具有不同的功能,但不同结构在功能之间并不是没有联系的,如"把"字句与"被"字句在结构与功能方面是既有区别又有联系的。所谓"把"字句,即用介词"把"构成的句子,句式为:甲把乙怎么样。汉语动词谓语句的宾语一般在动词后,而用上"把"字就能把宾语提到动词前,以强调行为结果或行为方式。这种句式在语义上可视为宾语前置,在结构上则是介词结构做状语。例如:我把花放在桌子上了。所谓"被"字句,即用介词"被"构成的句子,句式为:乙被甲怎么样。在句中,用"被"字来表示处置关系,"被"字用在两种事物的名称之间,表示后者处置前者。例如,这本小说被朋友借走了。"把"字结构与"被"字结构在句子中的语法作用相同,都是做状语,但从语义上看,"把"字句表示"处置"与"被处置"的关系,而"被"字句则恰恰相反,表示的是"被处置"与"处置"的关系。

(三)静态与动态

语言及其语法像许多事物一样亦有静态、动态之分,所以在进行语法研究时应将其静态与动态结合起来。具体来说,一是在研究一个族语的断代语法时要有语用,语法的动态表现在使用之中,也就是表达之中;二是在研究或描写族语的断代语法时,要有"发展"的观点,既要注意规范性,又要注意发现有生命力的语法现象。例如,运用某种语法规则进行"表达"时,一个语义结构可以用多种句型来表达:

我吃了西瓜。(主动句)

我把西瓜吃了。("把"字句)

西瓜被我吃了。("被"字句)

而新生的语法现象开始或许不合规范,人们也不太习惯,但久而久之就会约定俗成。从不合规范到合规范,从不习惯到习惯,反映了语法现象被人们接受的过程。如"服务"与"造福"原本都是不及物动词,但现在也能当及物动词用了,如"服务社会"与"造福人类"。语法乃至语言正是在这种"静"与"动"中向前发展,从而越来越丰富的。

第二节　汉语的与时俱进

一、媒体语言的引导作用与规范问题

在现代生活中，媒体的作用越来越重要，媒体所使用的语言对人们日常交际语的影响也越来越大。"媒体语言，无论是传统媒体如报刊、广播、电视的语言，还是新兴媒体如网络中的语言，在信息传播过程中都有着共同的特点：（1）传播范围的社会性；（2）传播速度的时效性；（3）传播手段的技术性；（4）传播符号的规范性；（5）传播言语的技巧性；（6）传播方式的策略性。从信息传播的最终效果来看，媒体语言对社会生活的影响及时、迅速，受众面广，对于整个社会语言生活有较强的示范、引导作用。"媒体语言五花八门，由于它在很大程度上来源于现实生活，因而也会被更多的人在现实生活中使用。在各种媒体语言相互融合的过程中，语言的规范问题日益凸显。当今，网络语言因其活泼、幽默、随意而很快被网民接纳，在他们的日常生活中时刻存在，并快速地流入报刊、广播、电视等媒体中。如果对网络语言不加鉴别、全盘接受，就会影响媒体语言的健康发展和语言文字的社会应用。因此，新媒体时代对媒体语言的规范显得尤为重要。网络语言在给传统媒体语言注入新的活力的同时，也给传统媒体语言带来不少负面效应，需要引起媒体工作者的重视。报刊、广播、电视等媒体一直是社会语言规范化的旗帜，对于大众的语言生活有很大的影响力，而在信息化时代，这种示范作用不应被削弱。由此可见，媒体往往是流行语的风向标。

所谓流行语，是指某个时期首先在一定范围内风行，然后进一步传播到全社会的词语，它往往以鲜活的形式、幽默的风格来表达特殊的含义。由于社会生活的变化直接反映到流行语当中，因此，我们可以通过现代汉语流行语来了解当代中国社会。

第一，经济发展。中国从1978年起开始实行改革开放政策，在经济发展方面取得了举世瞩目的成就，而这些年来产生的一系列流行语可以从不同侧面反映出中国经济的变化。例如，表述重大事件的流行语有："北煤南运""南水北调""西气东输""东电西送"；表述改革状况的流行语有："离土不离乡""离乡不离土"；表述国计民生的流行语有："'菜篮子'工程""安居工程""再就

业工程""希望工程"。

第二，社会状况。社会是变化的，流行语灵活地追踪社会一切时尚的变化，最直接、最敏锐地反映出社会各个方面的情况。例如，与职业有关的流行语有："白领""蓝领""金领""粉领""铁饭碗""金饭碗""泥饭碗""下岗""待岗""上岗"；跟交通有关的流行语有："面的""摩的""豪的""飞的"。

第三，文化现象。文化现象是多姿多彩的，与之相关的流行语更是多种多样，它们以形象、鲜活乃至幽默的语言形式把文化现象的多姿多彩展现出来。例如，教育方面的流行语有："海归""填鸭式""高分低能"；演艺方面的流行语有："大腕儿""走穴""包装""炒作"；不良现象方面的流行语有："扯皮""踢皮球""碰瓷儿""文山会海"。

第四，百姓生活。老百姓的生活很平凡，"开门七件事：柴、米、油、盐、酱、醋、茶"，而这平凡的生活似乎更有韵味，也更有文学艺术上的价值。老舍先生正是在这平凡的生活之中提炼出了许多不平凡的东西，而现代汉语流行语也是这样。例如，形容家庭的流行语有："核心家庭""空巢家庭""单亲家庭""丁克家庭""'四二一'结构"；形容休闲场所的流行语有："酒吧""餐吧""山吧""氧吧""网吧""陶吧"；形容具有冲击力的状况的流行语有："提气""给力""拉风"。

上述情况是从流行语的内容上说的，在外来词的形式方面，有一种实质性的变化值得我们注意，就是不加翻译地直接使用外来词。汉语流行语在不经意中悄悄地从一元变成了多元，如"WTO""APEC""IT"等流行语直接与国际接轨，而且中国社会生活中的词语现在也越来越多地直接使用外来词。例如，"SOHO"——Small Office Home Office 的缩写，意为在家办公的自由职业者；OUT——过时了，跟不上形势了。在汉语中直接使用现成的英语词汇，这种状况是应运而生的，是当代中外文化与教育的大交流、大融合的产物。当今的世界变得太精彩了，因而中国人的流行语也变得极其丰富。

每一个时代都有它的流行语，这些经常被老百姓使用的话语，生动形象地展示了老百姓的生活状态和精神世界；也正是这些不断涌现的流行语，真实地记录了人们的生活。流行就意味着生命力未必长久，有些流行语也许很快就会过去，但它们在现实乃至历史上所留下的印记却是永远也不会磨灭的。

二、并非一成不变的汉语语音

一般认为，语言各要素中语音的变化是极其缓慢不易觉察的，但事实上并非如此，其实今天的汉语语音就正在发生显著的、我们可以感觉到的变化。

"在当代的各种语音变化中，最突出、最重要的一个就是声调混同现象。它主要有两种表现形式：轻声不轻与多调合并。所谓轻声不轻，指的是一些传统的轻声词读音由轻声向非轻声（不读轻声）以及可轻声（读不读轻声两可）的变化。如'脑袋、快活、消息、钥匙'等。多调合并是以汉语中广泛存在的一字多音现象为前提的。比如兴，在'高兴'和'兴奋'中，就分别读为去声和阴平，而多调合并，是指把这两个词中的'兴'说成一个，抹杀了它们声调的区别，由此造成了声调的混同，有人把这一现象表述为'多音字的单音化倾向'。"上述两种情况在今天的汉语语音中是普遍存在的。我们可以很容易地举出更多的例子，如轻声不轻还有"本钱、得罪、底细、喜鹊、烧饼、学问"等，声调混同还有"创伤、参与、载体、症结、压轴"等。汉语的发展变化要求我们对汉语的研究也要与时俱进，因而必须处理好继承与发展的关系。王力先生指出："继承，就意味着发展；不能发展，就不能很好地继承。"在中国语言学上，如果只知道继承不知道发展，那么，就会觉得古人是不可企及的，且我们对继承也会失掉信心；如果是批判地继承，同时考虑到发展，结果是在总的成就上超过了古人，即使在某一点上不及古人，我们也算是很好地继承了古代中国语言学的衣钵。八面来风给汉语带来的新事物我们应该接纳，但传统也必须在我们手中延续下去，这就需要我们将语言当作一个有机的整体来看待，用发展的眼光来思考语言现象与语言问题，关注语言的各种变异与变化，在汉语研究上与时俱进。

第三节　汉语作为第二语言教学的特点

人们常说，语言是人类最重要的交际工具，这固然是对的，但换一个角度看问题，也可以说语言是一种艺术。吟诵李白的《静夜思》："床前明月光，疑是地上霜。举头望明月，低头思故乡。"一种美好的情愫自会油然而生；喊出莎士比亚名剧《哈姆雷特》里的"天问"——"To be or not to be?"（生存还是毁灭？）——谁都会觉得气贯长虹。因此，以审美的眼光看待一种语言、以领略其中的美的态度来教学一种语言，是非常重要的，不要把语言和语言教学看作枯燥的理论和机械的实践，而要把语言作为一种艺术来欣赏。

学习汉语教学法，目的是使人们对汉语作为第二语言的教学与教学法有一个基本的了解，特别注重实践性，以便能够学以致用。俗话说"教无定法"，然而，任何一种语言或学科的教学都是有规律可循的，但不必拘泥于某一种或几种教学方法，且对同一种教学方法也应该灵活地运用。任何课程的任何教学法都不是唯一的，运用时可以根据学生的年龄、母语类别、文化背景等因素进行适当地调整。郑渊洁说："教育如果千人一面、大同小异，将是人类的末日。好的教育是用50种方法教1个学生，差的教育是用1种方法教50个学生。"因此，首先要弄清楚的问题就是汉语作为第二语言教学的特点。

汉语作为第二语言进行教学，由于学习者的文化背景、知识水平各不相同，在教学上自然有不同的特点，但针对其本质而言，又都具有汉语作为第二语言教学的共性。赵金铭先生主编的《对外汉语教学概论》一书中指出："就研究对象而言，语言学家把语言系统（通常是母语）作为自己的研究对象。他们所关注的是语言本身的结构和规律。第二语言习得研究者虽然也关注语言本体的研究，但是，他们更为关注的是学习者的语言系统的描写和研究。目的是探索学习者获得第二语言的过程和规律。另外，一般的语言学研究是以母语使用者符合母语规则的语言现象作为研究对象的。第二语言习得研究是以第二语言学习者的语言系统作为研究对象的。从某种意义上说，这个语言系统是不符合或者偏离学习者的目的语规则的语言系统。"每种语言都有自己的基本特质，对于将其作为第二语言的学习者来说，既有其易学之处，也有其难学之处。因此，将汉语作为第二语言进行教学时，既有有利因素，也有不利因素。对于不同国家的学习者来说，这些有利因素与不利因素是既有共同性，又有特殊性。概括来说，属于有利因素的东西都有利于其快速而轻松地掌握汉语，而属于不利因素的东西则会成为其学习汉语的障碍。

一、汉语作为第二语言教学的有利因素

汉语作为第二语言进行教学时，在语音、词汇、语法三个语言要素方面都有一些有利的因素，下面试举例说明。

第一，在语音方面，汉语音节结构简单、界限分明，声调变化有严格的规律可循。例如，"美好的事物人人都喜欢"这句话从语音方面来看是由"měi""hǎo""de""shì""wù""rén""rén""dōu""xǐ""huan"这十个音节组成的，而每个音节又都是由声母、韵母、声调（包括轻声）组成的，音节与音节之间的界限非常分明，声调为阴平、阳平、上声、去声四声，以及轻声。

第二，在词汇方面，汉语的词大多音节少，便于记忆，如"来""去""伟大""美丽"等；构词方式以词根复合为主，许多语素可以独立成词，且词义与语素义有关，如"手套 = 手 + 套""笔筒 = 笔 + 筒"。

二、汉语作为第二语言教学的难点

汉语难说似乎已是一种定论。笔者在欧洲工作时，欧洲人形容一件事情难办，往往说"难得像学汉语一样"。将汉语作为第二语言进行教学时，在语音、词汇、语法三个语言要素方面尽管存在一些有利因素，但同时又都各有难点。此外，对于母语的书写符号是拼音文字的学生来说，汉字又是最大的难点，下面分而述之。

（一）语音方面

从普遍情况来看，外国学生学习汉语语音最大的难点在于声调，而汉语的声调又具有区别意义的作用，因此，学习者必须掌握。例如，"出家"与"出嫁"，"凄厉""奇丽""起立"与"气力"，其中"家"与"嫁"，"凄""奇""起"与"气"的声母与韵母完全一样，不同的只是声调。泛泛地讲，外国学生学习汉语语音最大的难点在于声调，但相对来说训练起来过于简单和机械。除了声调，外国人学习汉语语音时也会有声母、韵母方面的问题。这方面的具体情况比较复杂，具体到一个国家或一种母语背景的学生，具体的发音难点不一而足。这就需要我们透过现象看本质，进行深入的语音习得方面的研究。

（二）词汇方面

词汇本身的浩如烟海、学习词汇"皓首也难穷经"的状况、使用起来错误百出的现象普遍存在等无疑都是词汇学习的难点。其实词汇的丰富多彩既是学习难点，也是最有文化内涵、最有意思的部分。请看下面的汉语词汇举要。

1. 同义词

汉语的同义词一般包括等义词与近义词，等义词比较好理解，如"星期天"和"礼拜天"，用哪个都行；但近义词就比较难掌握了，其细微的意义差别使缺乏汉语语感的外国学生很难体会，如"热爱"与"酷爱""传染"与"感染"之间的不同总是让他们很困惑。

2. 反义词

反义词主要是在意义上有对应性，但在发音与形态方面往往体现不出来。请看下列各种词性的词语的反义词。

形容词：简单——复杂、高大——渺小、发达——落后

名词：朋友——敌人、赢家——输家

动词：爱——恨、提高——降低

副词：经常——偶尔

这就使外国学生很难进行识别与判断。

3. 量词

汉语量词种类繁多，而且往往与名词形成固定的搭配，如一本书、一支笔、一个西瓜、一辆汽车、一台计算机、一幢摩天大楼等，不胜枚举，但很多量词既难写又难记。

4. 语气词

不能小看语气词，因为它有时也有表意作用，请看这样两句话：

你会来吗？——一般询问，来不来都可以。

你会来吧？——特别希望对方来。

这两句话语义的差别是由语气词体现出来的，虽然我们认为简单，但外国人很难形成这种语感。

5. 成语

汉语成语虽以四字格为主，但结构多种多样，内容博大精深，很多成语有典故来源。外国学生如果要理解成语的意义就有很大难度，使用起来就更困难了，如从"大惊小怪""大材小用""昙花一现""十全十美""愚公移山""塞翁失马"这些成语就可见一斑。

6. 惯用语

惯用语往往是用一种"曲径通幽处"的方式表达真正的意思，既是中国人约定俗成的，往往又具有特定的文化背景，故而外国人不易理解。惯用语以三音节形式为主，主要是述宾结构，如"开夜车""走后门""戴高帽"等；此外，常用的四音节惯用语也不少，如"钻牛角尖""打退堂鼓""吃哑巴亏"等。

（三）语法方面

在语法方面，汉语重"意"不重"形"，体现出以意合为主、隐性语法关系丰富、表意灵活等特点。例如：

（1）语序和虚词是汉语表达语法关系的主要方式，语序不同或使用的虚词不同，语法关系就不同。

①语序：波涛滚滚——主谓结构

滚滚波涛——偏正结构

②虚词：活灵活现的表演——定语+中心语结构

活灵活现地表演——状语+中心语结构

表演得活灵活现——动词+补语结构

（2）不同词类或功能的词在形态上没有变化。

①他的学习怎么样？（名词用法）

②他学习得很认真。（动词用法）

③学习材料太多了!(形容词用法)

(3)相对于许多语言来讲,句式方面具有特殊性。

①被动句可以没有被动标志:鸡吃了——我吃了鸡/鸡吃了食。

②"把"字句是汉语特有的句式,而且可易可难,例如:

我把作文写完了。

高高挂起的大红灯笼把春节喜气洋洋、热闹非凡的气氛推向了极致。

(4)汉语的意合特征是让外国人很头疼的问题,它往往让外国人觉得难以琢磨。以复句为例,复句"分句的关联特征,既有浅层特征,又有深层特征。浅层特征主要是形式特征,深层特征则是语义特征。分句关联的形式特征主要体现为词形等同和结构相似,而语义特征则体现为概念的范畴相同或相关"。[①] 更进一步来看,语篇的衔接与连贯就更是问题了,这还牵扯到语用问题。胡壮麟先生曾指出:"为了理解语篇的整体意义,语言使用者还积累一定的语用知识,这就是说,说话人能从语句的表层意义暗藏自己的深层意图,听话人则能从其表层意义洞察其深层意图。如做不到这一点,语篇的连贯性就难以实现。"例如,"我累了"在不同情况下可能隐含着不同的语义,其下文有可能是"我要回家了",也有可能是"该睡觉了",还有可能是"你干一会儿吧"。一句话尚且可能隐含多种语义,那么段落与篇章中表层意义下的深层意图就更难揣摩了。

(四)汉字方面

在汉字方面,汉语的难处就更显而易见了。汉字是意音文字,即每个方块字都记录一个单音节语素,这对于母语为拼音文字的学习者来说,尤其难认、难记、难写,主要有下面三种具体表现:

(1)独体字形状不规则,如尢、电、我。

(2)合体字笔画繁多,结构复杂,如鹿、幽、赢。

(3)相近形体有区别意义特征,如土——士、干——于、拔——拨。

实际上,在教学中,学生的偏误往往是综合的、交叉的。以"抚养"这一简单的词可能出现的偏误为例说明:在语音方面,学生经常念半边,读成"无养";在词汇方面,学生使用时容易意义泛化,造句说"抚养老人","老人"是应该与"赡养"搭配的;在语法方面,"抚养"的宾语有时会被学生前置,如"孩子抚养不是一件容易的事";在汉字方面,学生有时会将"抚养"写成"扶养",两者的意义有所不同,"抚养"是"爱护并教育"的意思,而"扶养"

[①] 苏培成.语言文字应用探微[M].北京:商务印书馆,2019:23.

主要指"养活"。一个简单的动词尚且如此，更不要说那么多纷繁复杂的语言点了。我们研究汉语教学，必须关注这些问题并有效地解决它们。

第四节　汉语作为第二语言教学的理念与原则

一、宜简不宜繁

在进行汉语国际教育时必须有执简驭繁的理念，具体到汉语教学课堂上，这一理念尤为重要。面对全世界的汉语大课堂，教学内容应简要，易把握；教学方式要简单，易操作；教学语言要简明，易理解。

第一，教学内容应简要，易把握。从世界范围来看，汉语教学的对象越来越多元化。在很多时候，学生的汉语水平和对中国文化与国情的理解都极其有限，而繁复的内容会让学生如同雾里看花，很难真正理解教学的重点与主旨。因此，首先要对教学内容进行筛选，留下根本性的、不能再省的东西。例如，教育者在进行语法教学时，要考虑遵循一些原则。其一，语法规则的解释应简明而直观。教育者讲一些有固定格式的句式时可列出公式：把字句——主语+把+什么+怎么样，比较句——A+比+B+如何；讲复句点明根本关系或区别即可，因果复句——"因为……所以……"是原因在前，结果在后；"之所以……是因为……"是结果在前，原因在后。其二，可通过不同语言的对比进行说明。这种进行语言对比的思路与方法是我们将汉语作为第二语言进行教学时应该采用的，而两种语言的突出特征还是需要抓住并应用到教学中去的。例如，汉语和英语的语序有共同点："主语+动词+宾语"，汉语的"我热爱大自然"和英语的"I love nature"是一样的语序。汉语和英语的语序也有不同点，状语的位置就是一个突出的表现：汉语是"主语+状语+动词"——孩子们在花园里玩；英语是"主语+动词+状语"——"The children play in the garden"。教育者抓住两种语言的突出特征并比较其异同，可以帮助学生理解和记忆汉语句式，起到事半功倍的作用。

第二，教学方式要简单，易操作。课堂教学是有时间限制的，因而我们要在有限的时间里尽可能多地完成教学任务，并且取得良好的效果，这就需要我们采取适宜的教学方式。

第三，教学语言要简明，易理解。课堂是"传道、授业、解惑"的地方，无论是"传道"还是"授业"，抑或是"解惑"，自然都离不开语言，而在教授语言的课堂上，语言就更重要了。精彩的课堂用语不一而足，而不够精彩的课堂用语从根本上讲如出一辙，主要表现为琐碎唠叨与平铺直叙。关于"琐碎唠叨"的问题，教育者要注意自省，上课时切记语言要简明扼要，重复重点是有必要的，但不等于要时时重复、处处重复，而且一定要注意去掉自己习惯性的口头语，如"那么""这个问题吗""大家都知道"等。关于"平铺直叙"的问题，教育者要注意改进，可以像话剧演员那样朗诵。一位教师上课时如果始终用一种语速、一种腔调，无论他讲的内容是什么，从心理学的角度来说，都会造成沉闷的气氛，使学生昏昏欲睡；更进一步讲，对教学效果也会有直接的影响，而且一堂课下来，学生根本就想不起来重点在哪里。因此，教师上课时说话要有抑扬顿挫，且疾缓有致，让课堂的节奏时快时慢，让课堂的气氛有起有伏，这样才能始终吸引学生的注意力，让他们不走神，知道你在说什么，传的是什么道、授的是什么业、解的是什么惑。

二、语法、语义、语用并重

汉语教学应当语义、语法、语用并重，在进行词汇教学时尤其需要注意这一点，因为词汇问题往往既是语义的，也是语法的，还是语用的。有一位外国学生跟笔者说过一件事：他刚来中国时汉语不好，但和不同国家的同学在一起时又必须说汉语。有一次，几名同学在他房间里玩，他想跟一位同学单独谈谈，便对其他同学说："出去。"那几位同学出去了，但好像不太高兴。后来，他才知道他当时的说法很不礼貌，至少应该说："你们能出去一下吗？"单独用"出去"让别人走，这种祈使句有命令与训斥的意味，难怪其他同学不高兴。其实，外国人在使用汉语进行交际时，类似的状况是不胜枚举的，有些情况或许没有到不礼貌的程度，但最低限度也是不合理的。例如，现在中国人很喜欢用"悠着点儿"来劝别人，而这种太口语化的句子不能用在正式的场合。表达同样的意思，非正式场合可以说"你最好悠着点儿"；而正式场合则要说"你最好适可而止"。从这些例子可以看出，在汉语教学中，语法、语义、语用统筹兼顾是非常必要的。现在我们就以词汇教学为例谈谈这方面的问题。

第一，区分频度与解析语素，即根据汉语使用频率计量统计的结果，对汉语教学的词汇量进行控制，首先并重点教授使用频率高的词汇。这具体说来有两个方面，其一为汉字频度：《现代汉语常用字表》综合汉字的使用率、构词能力等各项指标确定了2500个常用字和1000个次常用字，并且进行了检测，结果是：'2500个常用字覆盖率达97.97%，1000个次常用字覆盖率达1.51%，合计（3500字）覆盖率达99.48%。'"其二为词语频度："从词的角度来说，《频率词典》8548个高频词中出现1000次以上的词共175个。在这里有必要提一下语素的概念,因为从词义理解的角度看,无论是汉字还是词语都与语素有关系,进行语素分析有助于学生掌握汉字和词语。"[①]汉语不是音位文字,而是语素文字。一个汉字代表一个语素的情况居多,所以学生学习汉语时掌握了3500个常用字就基本上等于掌握了3500个语素。汉语词汇的意义往往由语素义通过各种形式构成,然而语素义的数量比词义的数量少得多。因此,教师通过语素分析进行词汇教学,可以取得事半功倍的效果。例如,"语""言""法"三个语素可以构成"语言""言语""语法""法语"等词语;"上""下""课"可以构成"上课""下课""课上""课下""上下"等词语。在词汇教学中进行语素解析,可以促使学生举一反三、触类旁通。

第二,领会式掌握与复用式掌握相结合。所谓领会式掌握,即以理解为主,看得懂就行,如"胡同""品茗""就范""四合院""风声鹤唳"这样的词语无论对于哪一个阶段的学生来说,都没有必要让他们学会遣词造句,他们只要懂得是什么意思就可以了。所谓复用式掌握,则指不仅能够理解,还可以使用。如对于"风景、打的、聚会""一系列""情不自禁"这样的词语,学生不仅应该理解,还应该掌握如何运用。词语需要领会式掌握还是复用式掌握并不是绝对的,有些词语在初级阶段属于领会式掌握的词语,在高级阶段就有可能成为复用式掌握的词语。例如,"适可而止""相辅相成"在本科二年级一般应作为领会式掌握的词语,而在本科四年级即应作为复用式掌握的词语。

第三,关注使用场合。汉语教学应当语义、语法、语用三者统筹兼顾。以前我们对语义、语法方面关注得比较多,而对语用方面重视力度不足,后者其实还可上升到语言中的文化的高度。这里的文化不是指历史的发展与文化的传统,而是指纯粹属于语言本身的文化,即不是语言含义方面的,而是语言功能方面的。从后者的角度来看,"语言课中的文化教学,基本的责任或基本的内容大体有两方面:一是对语言本体结构(主要是语法规则和语义系统)中有关的文化含义做出阐释,为学习者使用目的语做好必要的文化上的准备;二是对语言使用中的文化规约做出说解和加以实习,养成学习者使用目的语进行交际的文化能力。这两方面是相辅相成的"。

关于汉语本身的文化,可从下面三个角度来看:

(1)语构文化,指语言结构本身的文化特点。例如,汉语的对偶方式对句子的构造是有制约性的。"正对"如"墙上芦苇,头重脚轻根底浅;山间竹笋,

---

[①] 木欣. 谈谈对外汉语词汇教学的几个原则[J]. 八桂侨刊,2003(5):24-26.

嘴尖皮厚腹中空";"反对"如"横眉冷对千夫指,俯首甘为孺子牛",这样的句子不可随意使用词语和变换语法结构。

(2)语义文化,指一种语言的语义系统所包含的文化内容和所体现的文化心理。不同语言之间常用的对应词汇在意义上几乎都具有某种程度的不等值性,往往是文化差异在语言中的表现,因而很多词语不能通过直译的方式来教学。例如新房——不是"new room",而是"bridal chamber";"pull one's leg"——不是扯某人的后腿,而是捉弄某人。

(3)语用文化,指语言的文化规约,即运用语言时与社会情境和人际关系相关的规则。例如,"妻子""夫人""太太""老婆""媳妇""内人"都是指一个男人的配偶,但使用场合是不同的。又如,中国人想和别人道别时往往会采用比较委婉的说法——"到吃饭的时间了吧?/我今天很累。/孩子一个人在家呢。/你一会儿有事吗?/你明天早上有课吗?/天都快黑了"等,但这些说法的言外之意往往不被外国人理解,其结果往往是无法道别。

综上所述,在汉语教学中,语法、语义、语用应并重,缺一不可。

三、螺旋式上升

汉语教学无论是"教"还是"学",都会随着教学过程的进展而不断达到新的高度,然而这种提高不应该也不可能是直线上升的,而是螺旋式上升的。在外国学生学习汉语的过程中,汉字的复现率无疑是很高的。在汉语教学中,这种复现不应是简单的重复,而应当不断地让学生对汉字的理解与使用在原有基础上"更上一层楼"。在此方面,法国著名汉学家白乐桑先生近年来就进行了有益的尝试,其新作《滚雪球学汉语》是《世界汉语教学学会通讯》特别推荐的教材。

《滚雪球学汉语》是由世界汉语教学学会副会长、法国教育部汉语总督学白乐桑教授以"滚雪球式"教学方法主编的一本速成教材,其读者对象为具有初级汉语水平,母语为英语、法语、德语或西班牙语的中学生、大学生及在职人员。全书共19课,每课包括课文、生词(汉语和英、法、德、西四个语种对照)、扩展、练习,内容涉及政治、经济、社会生活等方面的话题。

该书的特点:字量少,字频高;每课生词不多,难度不大;每课课文不长,浅显易懂,注重口语表达。课文通过"滚雪球"的方式呈现,即生词复现率高,让学生可反复记忆、运用,以致学到最后几课,对前面所学的词汇仍能牢固掌握。

教材最后还附有一篇九百字的短篇小说《毛映竹》,它是以高度控制字量、语言精练为本的阅读材料，可很好地强化学生的识字能力。

通过本书，学生可以接触到表达社会问题的词语，丰富词汇量，巩固语法基础，从而实现从不能开口说完整句子到能够表达较为深刻的意义地飞跃，在口语表达乃至写作方面都树立起对汉语的信心。

众所周知，汉字是外国学生，特别是母语为拼音文字的外国学生学习汉语的最大难点之一。"造成这种情况的原因有三个：第一个原因是汉字自身的特点。早期的汉字字形多是从表形、表意入手，但经过几千年的形体演变，这些字大多失去了象形表意的功能。尽管汉字中绝大多数是形声字，但在汉字中记录同一音节的音符往往不止一个，有的形声字声符的读音和汉字的读音并不相同。现代汉字的笔画种类多达二三十种，不少笔画之间的区别也很小。笔画之间的不同关系是区别汉字字形的重要手段。因此，在学生的眼里，汉字成了由一堆弯弯曲曲的笔画毫无规律地组合起来的符号。第二个原因是学习者的特点。非汉字文化圈的外国学生对汉字几乎一无所知，他们获得文字知识和文字技能都是在拼音文字体系中进行的，所以初次接触汉字时，他们对汉字充满了神秘感和畏惧感。第三个原因就是汉字的教学方法。"前面两个原因是我们不能左右的，而第三个原因却是我们可以为之改变的。我们应该努力找出不同国家学生习得汉字的规律，探索与之相适应的行之有效的方法。例如，对于初学者，汉字教学至少可以从以下几个方面来进行：

第一，根据汉字规律进行教学，适当讲解字理。

（1）象形：日、山、鸟

（2）指事：一、刃、本

（3）会意：相、休、森

（4）形声：湖、爸、诗

第二，多识少写。

（1）易写的或常用的先写：三、大、明/谢、通、被

（2）不易写的或不常用的后写：遥、器、衷/刁、吝、予

第三，以旧字带新字。

（1）用旧字音引出新字：方——芳、房、仿、放

（2）用旧字义引出新字：土——地、场、境、尘

（3）利用偏旁和独体字教授合体字：山、石——岩/火、息——熄

（4）利用部件教授合体字：亡、口、月、贝、凡——赢

第四，注重汉字教学的趣味性。

（1）看图识字：做一些卡片，正面是汉字，背面用图画和拼音标注或解释

（2）有关系的字成串带出：人、从、众/木、林、森/口、吕、品
（3）讲解文化内涵：贝——财、货/皿——盘、盆
（4）猜字谜：水落石出——泵/旭日东升——九

经过一定的教学，如果学生对汉字是一种什么样的文字形成了基本的认知，我们就可以在形式上引入"书法"，在内容上引入"文化"，这也可以说是一种"螺旋式上升"。汉语作为第二语言教学的原则是一个多元化的问题，可大可小，可高可低，可抽象可具体，可深入可浅显，在此主要是阐释一些理念性的东西。

第五章　高校留学生汉语语言学习与文化理解

语言是文化的载体，"语言是随着人类社会地产生而产生，随着人类社会地发展而发展，是人类社会一切领域的交际工具。作为构成社会上层建筑之一的文化，包括了一个民族的生活方式、传统习惯及思维方法。语言是这些方面的载体，是它们的一种重要的符号。可以说，语言是民族文化的重要表达形式，它反映了一个民族的传统习惯和文化积累。语言与社会文化的关系是十分密切的。"因此，语言学习不但需要文化理解，而且与文化理解是相辅相成的。

第一节　语言与文化的关系

一、语言中的文化因素

汉语三要素——语音、词汇、语法，其中的文化内涵也是深刻而丰富的。在语音方面，谐音是最突出的例证。在词汇方面，由于词汇是语言各要素中最有意义的，因而最能包含丰富多彩的文化。其实，词汇包含的文化因素远远超过了我们的想象，不用说"愚公移山""滥竽充数"这样的成语，就是许多今天司空见惯的词语也有着我们感觉不到的深厚的文化基础。例如，"符合"一词来源于古代的"符节"。《现汉》关于"符合"的解释是："(数量、形状、情节等)相合：符合事实/这些产品不符合质量标准。"关于"符节"的解释是："古代派遣使者或调兵时用作凭证的东西。用竹、木、玉、铜等制成，刻上文字，分成两半，一半存朝廷，一半给外人官员或出征将帅。"[1]"将在外，君命有所不受"只是一种情况，另一种情况是：信使拿着一半符节传达君王的命令，只要对上了将军手中的符节，他是会受的。由此可见，古有"符合"之

---

[1] 商务国际辞书编辑部.现代汉语词典[M].北京：商务印书馆国际有限公司，2017: 421.

物,今才有"符合"之意。汉语词汇深厚的文化意蕴由此可见一斑。

　　语言中蕴含着深厚的文化,而文化已渗透到语言的各个方面;不明了与一种语言相关的文化,就不可能学好这种语言。关于直接影响汉语学习的文化因素,胡明扬先生在《对外汉语教学中的文化因素》一文中进行过总结,主要有六种情况:其一为受特定的自然地理环境制约的语汇,如"梅雨"等;其二为受特定的物质生活条件制约的语汇,如"旗袍"等;其三为受特定的社会和经济制度制约的语汇,如"个体户"等;其四为受特定的精神文化生活制约的语汇,如"虚岁"等;其五为受特定的风俗习惯和社会心态制约的表达方式,如"上哪去"等;其六为受特定的认识方式影响的语言习惯,如认识事物从大到小,所以说"中国北京王府井"等。在这六种情况之内及以外,自然还有很多具体而微的问题需要我们进一步探讨。

　　尼日利亚拉各斯孔子学院汉语教师王士君曾撰《海外第一课》一文,讲述了她通过汉字中的文化因素开始教授汉语课的过程。"通过第一堂课,我希望达到两个目标:让学生直观地了解汉语很有趣;消除学生的畏难心理。'汉语不是拼音文字,而是象形文字。这种文字最大的特点是:每个字都像一幅图画。现在我写一个字,相信你们每个人都能猜到它的意思。'我在黑板上写下小篆——日,课堂竟然一片沉默。我只得进一步启发道:'我们每天都能看到它……'说到这儿,课堂响起一片呼叫:'SUN。'接着,我又写下小篆——月,这次不用启发了,学生们高呼:'MOON。'我接连写下了小篆——火、山、木、人。每一次,学生都能轻松猜出是什么字。课堂气氛开始活跃起来,每个人脸上都洋溢着兴奋。"其实,不仅正确认知汉字与文化有关,正确书写汉字也与文化有关。"休"和"体"是形近字,只差一笔,外国学生初学汉语时很容易写错,但如果让他们了解到"休"是人靠在树上休息,"体"则是身之本,由"體、躰"简化而来,就不容易写错了。

　　在汉语教学中,教师应当有意识地加入一些文化因素。说到文化,不能认为只有孔子、孟子和故宫、天坛才是文化。请看这样一个句子:"当人类砍倒第一棵树的时候,文明开始了;而当人类砍倒最后一棵树的时候,文明结束了。"我们能说这个句子没有文化吗?这个句子中是有不少语言点的,如反义词"开始"与"结束"、句式"当……的时候",等等。认识汉语本身的文化因素,进行汉语教学时有意识地加入一些文化因素都是很重要的,可以增强汉语教学的趣味性与哲理性,使汉语变得充满趣味,这样学生学起来也就感觉不那么难了。

二、语言对文化的承载

语言中不但有文化，而且其重要功能之一就是承载文化，并使文化长久地流传下去。外国人学习汉语，就应该了解中国历史与中国人的文化观念，这既是学习汉语的重要目标，也会反过来促进汉语的学习。现在就以中国人普遍认同的教育观念"有教无类"与"因材施教"为例，来谈谈中国人的文化观念。

教育观念"有教无类"与"因材施教"其实是孔子的教育思想。所谓"有教无类"，简言之即"教育面前人人平等"。在孔子设杏坛讲学以前，学在官府，只有贵族子弟才有受教育的权利，因为在那个"学而优则仕"的社会，只有贵族子弟才有资格当官。但到了孔子那个时代，社会的政治、经济、文化、教育的重心都在下移，这就为私人办学提供了机会。孔子抓住这一机会开始创办私学，希望通过兴办教育来培养国家的栋梁之材，以实现其政治抱负。在教育对象的问题上，孔子明确提出了"有教无类"的思想，即无论是贵族还是平民，只要有心向学，都可以受教育。孔子的弟子来自鲁、齐、晋、宋、陈、蔡、秦、楚等诸多国家，这不仅打破了当时的国界，也打破了当时的夷夏之分。孔子接纳了被中原人视为"蛮夷之邦"的楚国人公孙龙和秦商入学，还"欲居九夷"施教。孔子"有教无类"的思想基于"性相近，习相远"的人性论。"性相近"说明人皆有成才的可能性，而"习相远"又说明了实施教育的重要性。"有教无类"思想地实施扩大了教育的社会基础和人才来源，对全体社会成员素质的提高起到了积极的推动作用，在中国教育发展史上具有划时代的意义。所谓"因材施教"，即指针对学习的人的志趣、能力等具体情况进行不同的教育。《论语·为政》中有子游问"孝"、子夏问"孝"一节："子由问孝。子曰：'今之孝者，是谓能养。至于犬马，皆能有养；不敬，何以别乎？'子夏问孝。子曰：'色难。有事，弟子服其劳；有酒食，先生馔，曾是以为孝乎？'"朱熹集注引宋程颐曰："子游能养而或失于敬，子夏能直义而或少温润之色，各因其材之高下与其所失而告之，故不同也。"这就是孔子"因材施教"的很好实例。

教育观念"有教无类"与"因材施教"由来已久，至少可追溯到孔子那个时代，而今天我们仍然可以了解它们并应用于社会生活，正是因为语言的传承。语言承载文化主要有两种方式，其一为口耳相传，其二为付诸文字，历史上有一个重要事件可以证明这一点。"汉代传习经书，有今文经和古文经的分别。今文经是秦汉之间博士弟子口耳相传下来的，在汉代都是用通行的隶书来写的，所以称为今文经。古文经大部分是汉武帝时鲁恭王拆毁孔子住宅，从墙壁中取出来的，这种书都是用战国通行的古文字来写的，所以称为古文经。古文经跟今文经不仅文字的写法不同，而且内容也不尽相同。西汉时代古文经发现之前，传习的都是今文经，等到古文经发现以后，才有人研究古文经。到了东汉时代，古文经开始盛行起来。"语言承载的文化，无论是口耳相传的，还是付诸文字的，都需要我们首先习得语言才能了解。现在是一个全球化的时代，各个国家和地区的人们除了通过自己的语言了解自己的文化之外，还要通过他国或地区的语言了解他国或地区的文化。在这样一个时代大背景中，一种语言会成为更多的文化的载体，语言学习与文化理解之间的关系就更加密切了。

第二节　语言学习与文化理解相辅相成

一、怎样让外国人了解中国历史

语言是文化的载体。语言不仅有其内在系统，也有其文化意蕴、社会功能等外在因素。要学好一种语言，了解其文化背景无疑是基础；反过来，了解了相关的文化背景，会更有利于语言学习。

中国文化源远流长，过去的历史波澜壮阔，今天的国情景象万千，那么在教外国人学汉语时，让他们了解什么样的文化便成为一个非常值得探讨的问题，这恐怕还需要我们以"执简驭繁"的理念来解决。以时代思潮为例，战国时期的"百家争鸣"无疑是中国思想史上的第一个波峰，其后数千年也屡现高潮。梁启超先生曾概括说："凡'思'非皆能成'潮'，能成潮者，则其'思'必有相当之价值；而又适合于其时代之要求者也。凡'时代'非皆有'思潮'，有思潮之时代，必文化昂进之时代也。其在我国自秦以后，确能成为时代思潮者，则汉之经学，隋唐之佛学，宋及明之理学，清之考证学，四者而已。"我们在汉语国际教育中向外国人介绍中国历史与文化，应当主要介绍这些传统文化的精髓；而关于当今的国情，则应向外国人展示一个生机盎然、蓬勃向上的中国。

让外国人了解中国历史，不能就事论事、因时论时，既要有长久的时间概念，又要有广阔的空间概念。季羡林先生专门阐释过这个问题："我们过去谈论中国文化，往往就事论事，只就中国论中国，只就眼前论中国。这样做的结果只能是像瞎子摸象一样，摸不到全貌，摸不到真相。"更进一步说："看中国文化，必须把它放在东方文化这个大框架内，放在世界文化这个更大的框架内，才能看得清楚。如果在时间和空间方面不能放开眼光，囿于积习，墨守成规，则对我们祖国的优秀文化，无论如何也是认识不清楚的。"[1]因此，我们让外国人了解中国历史，应注意以下几个方面：

第一，不仅要讲结果，还要讲来龙去脉。了解一个国家的历史与文化，既要知其然，也要知其所以然，这样才算是真正的了解。

第二，去粗取精，突出重点中的重点。对于外国人来说，中国历史无疑是十分庞杂繁复的学习内容，这就要求我们向外国人讲授中国历史时，要尽可能去掉可以去掉的东西，提纲挈领地介绍即可。

第三，将中国历史放在世界历史的大视野中考察，透过现象看本质。看一国历史，有时候需要跳出这个国家才能看得更清楚，既要有纵向的眼光，也要有横向的视角。"我们必须历史地了解中国，把中国的昨天、今天与明天联系起来作纵观的了解；我们必须多层面、全方位地了解中国，把东西南北中的经济、政治、文化等各个领域，以至把中国与世界联系起来作横通的了解。事实上，非如此，也不能真正了解中国。"[2]

二、"厚今薄古"问题

"厚今薄古"是一种非常重要的观念，无论是审视自己的文化，还是向外国人介绍自己的文化，都应使传统文化成为推动当代文化前进的动力，这点在世界上许多国家与地区都已经成为共识。荷兰学者彼得·李伯庚在《欧洲文化史》一书中指出："教育通过探索过去来认识现在，这是建立现代社会的必要思想基础，是任何一个社会为自己而做的好事。"如果历史的一重意义是指引当前，提供希望，它就必须在大众中确立一种信念，即我们推崇的价值的可靠性并不仅仅依赖历史的先例，而且在每天的生活里都可以验证。对于外国人来说，今天的中国应该比过去的中国更为重要，因为他们能看见的是今天的中国，要打交道的也是今天的中国人，所以我们应该把今天的中国介绍给世界。

学生能对当代中国乃至世界的热点问题有这样的认识，与他们身在中国文化之中与我们有意识地给他们的文化浸润不无关系。邱军教授在《北京语境在汉语国际教育中的文化浸润作用》一文中指出：北京语境在留学生笔下显现出"三自"的浸润特点，即自然、自在和自觉。人们在接触异族语言文化时，

---

[1] 廖杨膑，季羡林. 神州文化集成丛书[M]. 北京：新华出版社，1991: 26.
[2] 周有光. 中国语文的时代演进[M]. 北京：人民文学出版社，2009: 23.

总有从陌生、好奇、习惯到熟知、接受的过程。这个过程应该是自然的、适时的、渐进的，而北京独特的文化、政治、经济和地域优势为留学生提供了完成该过程的合适的语言环境。

（1）自然是文化浸润的良好开端。俄罗斯学生塔尼亚写道："近距离接触北京后，它的自然、兼容和独一无二，给我一种强大的震撼。"韩国学生高英淑则说："我慢慢地，不知不觉地对北京有了感情，是像朋友之间的那种感情。虽然没有像老舍先生那种'说不出来，像爱母亲一样'，但却是最自然的、会永远珍惜的感觉。"非刻意、无雕琢的自然状态，是北京语境带给留学生的第一印象，也是获得他们信任、吸引其兴趣、培养其情感的良好开端。

（2）自在是文化浸润的融化剂。意大利学生居林把北京广播节目《都市夜心情》当作"了解现代中国的窗口，学习汉语的动力。主持人温和的声音和所有参加节目的朋友，都使我能轻松地了解中国，因此，在这里我感到很自在"；美国学生罗凯思把留学生活看作"与北京的缘分、新的人生的开端。北京会帮助我把汉语学得更好，实现我的梦想"；法国学生张迪觉得"接触新的文化、新的朋友，每天都很开心。北京的生活让我对汉语和中国文化有更大的兴趣，有时候回法国倒会觉得有些无聊了"。北京语境的平实、温和带给留学生自在、踏实的生活感受，自然而然地化为他们不断了解中国、体验中国的内驱力。

（3）自觉是文化浸润的目标。瑞典学生鲁克思认为，北京使他融入了现代中国的生活，"无论亚洲人还是欧洲人，内心的愿望和本性是一样的。我们应该互相容忍差异，争取彼此受益，希望北京奥运会的'同一个世界，同一个梦想'能够由愿望变成现实"；英国学生彭嘉明在《北京印象》中描写道："充满生气的南锣鼓巷，耐人寻味的798，风景美丽的北海公园，渗透历史的古建筑群……北京带给我灵感，带给我回忆，也照亮我的世界，让我期待明天。"北京语境所表现出的普世哲学和都市魅力在唤醒留学生认识中国文化的自觉意识方面，具有潜在的启示作用。

现在语言教学讲究"浸润式"的教学法，文化理解亦然。

三、注重交流与互动

在语言学习和文化理解的过程中，交流与互动是非常重要的。因为这里所说的语言学习是外语学习，文化理解也指对外国文化的理解，所以既有跨语言交流的问题，也有跨文化交际的问题，故而要重在一个"跨"字。语言是人类最重要的交际工具，但世界上的语言千差万别，据统计有数千种；同时，"不同的民族、不同的国家有不同的文化，即使同一国家的不同地区，文化也存在差异。俗话说的'百里不同俗''千里不同风'就是这个意思"。因此，我们要跨越语言的障碍，跨越文化的边界，在交流中互相理解，在互动中共同进步。这种交流与互动的重要性，已经在历史的发展中得到了充分的证明。

关于从中国到外国的状况，荷兰学者彼得·李伯庚说："中国对世界其他文化所做的贡献，是怎样估计也不为过的。多少世纪以来，许多中国的思想和器物，从东亚经过海路，跨越沙漠，到达欧亚大陆的西部。欧洲文化在与世界其他文化的交流中，得益最多的可能就是和中国的文化联系。令人兴奋地是，1675年，把孔子的《论语》首次以有韵脚的欧洲语言翻译出版介绍给欧洲大众的，是一位荷兰人彼得·范·霍恩。他在作为荷兰东印度公司派驻中国清廷的使节之后，做了这项工作。彼得·范·霍恩还着重指出：孔子的思想构成中国社会的基础，而他的思想和构成欧洲社会基础的耶稣基督的思想是协调一致的。"有时候，不同文化之间的距离并不像我们想象得那么遥远。

关于从外国到中国的状况，中国学者龙应台说："在一百年前梁启超那个时代，知识分子谈所谓的'西学东渐'。西方的影响刚刚来到门口，人们要决定的是究竟我应该敞开大门，让它全部进来呢？还是只露出一条小小的缝，让某些东西一点点进来？在一百年后的今天，所谓'西学'，已经不是一个'渐'不'渐'的问题，它已经从大门、窗子、地下水道，从门缝里头全面侵入，已经从纯粹的思想跟抽象的理论层次，深入生活里头，成为你呼吸的世界，渗透到最具体的生活内容跟细节之中了。"

第三节　来华留学生实习的组织与运作

一、留学生实习的目的和意义

在北京语言大学，实习是为三、四年级留学生开设的一门选修课程，有2个学分，实习时间一般为期中考试以后，实习地点每一学年不尽相同，视教学需要、国家大事及各有关方面的情况而定。

如同所有的课程一样，实习也有一个完整的教学过程。实习之前，有关课程将根据实习教材进行课堂教学，让学生明了实习的目的、意义、内容等；实习之中，教师和当地有关人员将在实习地点进行实地讲授，学生要写实习日志并为撰写实习报告搜集资料；实习结束之后，学生需提交3000字以上的实习报告，实习报告及格，方可获得该课程的 2 个学分，同时，将举行实习报告会、实习图片展览并出版实习专刊，以展示实习成果。在对外汉语教学中，组织留学生进行实习活动是很重要的，也是十分必要的。外国留学生走出校园、深入中国社会进行实习，是学生获得有关中国的第一手资料、实地考察其汉语水平和各方面能力的重要途径，是落实整个教学计划的重要环节。实习将尽量涵盖四学年中各有关课程的内容。通过实习前后的课堂讲授、参观访问、座谈讨论、联欢演出、考察社会习俗、接触各界人士、撰写实习报告等活动，可以提高留学生实际运用汉语进行交际的能力，加深他们对中国社会、文化、历史、经济，特别是当前改革开放各方面情况的了解与认识，增进他们同中国人民的友好情谊，并明确其在学业上的努力方向，为其撰写毕业论文奠定良好的基础，同时也为其将来运用汉语学习或工作做好更充分、更扎实的准备。多年的实践证明，学生在实习过程中的收获是在其他任何课程中都得不到的。

二、留学生实习的组织和运作程序

实习是一种包罗万象的教学实践活动，它涉及教学的许多环节和方面，也要与社会上不同的地区、部门和人员打交道，因此，需要一整套科学的组织和运作程序。下面就将这种程序简明扼要地介绍一下。

（一）选择实习地点

实习就是把课堂搬到社会上，换言之，即把社会作为一个大课堂，所以实习地点的选择便成为首要问题。实习地点选择得好，实习就会产生应有的效果，否则将事倍功半。

选择实习地点必须遵循以下原则：

第一，既能体现中国文化深刻的内涵，又具有独特的风格。外国学生来中国留学，学习汉语固然是其主要目的之一，但与在本国学习汉语相比，他们更有着亲眼观察中国面貌、亲身感受中国文化的主观愿望和客观条件，而实习就是有意地去实现他们这种愿望和为他们创造这种条件。因此，实习选点首先要考虑的就是既能体现中国文化深刻的内涵，又具有独特风格的地方。这样的实习地点将使学生得到在任何课堂上都得不到的收获，并给他们留下终生难忘的印象。

第二，与教学内容密切相关。汉语系是本科教育中高级阶段的对外汉语教学。学生在接受语言技能训练的同时，也接受了许多中国文化知识传授，而且从二年级到四年级每个年级都有相应的文化课。学生在各种课程中接受地都是中国文化的理性知识，而要在感性上真正感受到中国文化的方方面面，在课堂教学中是无法实现的，这一点只能通过实习和其他教学实践活动来实现。

第三，具有可行性。实习是把学生带到社会上活动，所以在实习过程中除了教学活动本身外，还必须考虑其他方面的因素，如交通是否便利、所选地点是否适于一定数量学生活动、实习活动能否深入进行，等等。仅仅在理论上可以进行实习而实际上不便操作的地点是不适宜安排实习的。北京语言大学汉语学院汉语言文化系（原留学生二系）自1981年开始有实习课程，汉语言专业传统的实习地点有三处，即山东的曲阜、泰安、济南；浙江的绍兴、富阳、杭州；江苏的无锡、南京、镇江。这三处实习地点均有浓厚的中国文化韵味，在中国文化中具有其他地点不可替代的地位。

1997—1998学年汉语系四年级汉语言专业开始有经贸方向，而传统的几处实习地点不太适合经贸专业方向的特点，所以经贸专业方向的实习又面临着选点的问题。当年，我们选择了山东省的石岛、烟台、威海、青岛作为经贸专业方向的实习地点。因为按照实习选点的原则，选点首先要考虑既能体现中国文化深刻内涵又独具特色的地方，具体到经贸方面，就是要选择过去在中国具有独特的经济地位，现在又是改革开放重点并取得了重大成就的地区。石岛是中国北方第一大渔港，在全国也位居第二，仅次于舟山渔港，其中的大鱼岛村是中国最大的自然渔村；烟台、威海、青岛自古便是经济重镇，如今在改革开放中又具有十分重要的地位。进一步说，这些地区也与课堂教学内容密切相关。以中国对外经济贸易课为例，课中讲到中国改革开放的格局分为四个层次，即经济特区、沿海开放城市、沿海经济开发区和内地，而烟台、青岛属于第二个层次中的沿海开放城市，威海属于第三个层次中的沿海经济开发区。此外，这些地区交通便利，活动场所容量较大，实习活动也容易深入进去，而且作为实习地点来说也是可操作的。

（二）成立实习领导小组

实习领导小组一般由主管实习的系主任、有关教研室主任和踩点人员组成，负责整个实习过程中的领导工作。实习中的一切事宜均由实习领导小组商议决定并指导实施。

（三）踩点

踩点也称"打前站"，目的是勘察实习地点是否得当并适于运作，同时安排实习中包括教学、生活、交通等一切事宜。踩点工作十分重要，直接关系到实习的成败。踩点不应是被动地执行计划，应该具有主动性，善于思考，不断调整原有计划在制订和实施时各方面的偏差，特别是新专业实习和新地点的踩点，则更需要踩点人员具备较高的综合素质和较全面的能力。

（四）制定实习计划

实习计划即实习日程安排。实习的教学意图和实习管理的科学与规范，在很大程度上是体现在实习计划中的。踩点回来之后，踩点人员应根据踩点情况对原有计划进行修改和调整，如果是新的专业实习或是新的实习地点，那么就面临着制定一个全新的实习计划的问题。制定实习计划必须经过周密的思考，并进行统筹安排。1997年，我们新开设了中国语言文化专业。该专业于1999年首次进行实习，实习地点选择的是西安，我想结果就不言而喻了。

（五）编写实习教材

实习既然是一门课程，自然也应该像别的课程一样有自己的教材。实习教材的编写原则是源于实习内容，又高于实习内容，可用作实习之前的授课材料、实习之中的活动指南和实习之后撰写实习报告的参考资料。实习教材的内容主要包括以下七个方面：

（1）前言：主要阐明实习的目的、意义和在教学上的地位。

（2）实习地点概览：主要介绍实习地点概况并附上有关文献和资料。

（3）实习区域图：使学生对实习区域有一个直观的印象。

（4）实习日程安排：让学生了解每日的活动安排。

（5）实习思考题：根据实习课的内容和实习活动安排，给学生提出一系列考题。这样可以启发学生的思路，并可起到帮助学生选择实习报告题目的作用。

（6）实习须知：向学生讲明实习过程中的具体要求和实习纪律。

（7）实习日志及实习报告格式：向学生展示实习日志封面、内页格式，以及实习报告封面格式。

（六）进行实习前的准备工作

（1）教学上的准备。实习前必须为学生进行教学上的准备，即上实习课，应当在课堂上讲解实习教材及有关文献和资料，让学生对实习地点、实习活动的方方面面形成一个完整的概念，使其能够胸有成竹、有的放矢地参加实习。

（2）组织上的准备。实习前组织上的准备主要是指：安排实习团领队人员，一般设总领队一人、副总领队二人、带队教师若干名、财务一至二人（根据走几条线路而定）；召开实习团领队人员会议，明确每个人的职责，并安排实习前、中、后期工作；给学生召开实习动员会，向学生强调实习的目的、意义、在教学上的要求、需要注意的事项等，以引起学生足够的重视。

（3）事务上的准备。实习之前，除了教学上和组织上的准备外，还必须进行事务上的准备，简言之，即对学生实习的交通、住宿、饮食等事项进行确认和实施，以便一切都得到妥善安排。

（七）带团实习

在完整的实习过程中，实习团在实习地点进行实习活动是最重要的环节。因为它既是整个实习活动中的主体，也是最难运作的一环，同时，它时刻处于动态之中，除了按计划进行外，随时都可能发生意外情况。

实习团实习必须遵循以下原则：

（1）实行责任制。所有参加实习的人员必须明了自己的职责，并切实做到各司其职。

（2）严格执行实习计划。实习计划是实习活动的依据，带团实习必须严格执行实习计划，以保证实习获得圆满成功。

（3）纪律严明。所有参加实习的人员，包括领队和学生，必须严格遵守实习的各项规定，尤其是要有很强的时间观念，凡事要顾全大局。

（4）具有随机应变的机制。处在动态中的实习团，任何时候都有可能发生意料之外的情况，所以要有应付意外事件的思想准备和具体措施。

（八）进行实习后期工作

（1）批改实习报告。一般在实习回来十天左右要求学生递交实习报告，教师进行批改。实习报告是学生在实习这门课中应交的试卷，所以教师批改实习报告时必须严格把关，不合格的一定要退回去重写，同时，选择优秀的实习报告供举行实习报告会和举办实习专刊使用。最后，如同所有的期末考试试卷一样，学生的实习报告成绩填入成绩表，报到教务办公室，而后和其他课程成绩一起录入学生的期末成绩单，实习报告原件由系里统一存档。

（2）举行实习报告会。每一次实习回来都要举行实习报告会。实习报告会形式是多种多样的，可以是学生一个接一个做报告，也可以让学生一组一组地按专题讲，还可以让学生一边演示一边讲解，并在其间穿插学生在实习过程中表演过的汉语节目等。

（3）举办实习图片展览。实习照片是实习的真实写照，生动而直观地记录了实习的全过程，展现出丰富多彩的实习活动。举办实习图片展览可以展示实习成果，让更多的学生了解实习。

（4）出版实习专刊。每年实习过后还要出版实习专刊。实习专刊的内容一般由前言、学生的实习报告和有关实习的报道组成。

（九）召开实习总结会

每年在所有实习工作结束之后，还应召开一次实习总结会，旨在总结刚刚过去的实习中的经验和教训，并提出新的设想，给做好下一学期的实习工作奠定一个良好的基础。

三、关于留学生实习的理论探讨

在对外汉语教学中,留学生实习是一项十分重要又确实卓有成效的教学实践活动,从中我们可以受到许多启示,并进一步引发理论上的思考。

(一)从教育学理论和对外汉语教学理论上看,实习既有其重要性,也有其必要性

(1)大学本科教育也应该是一种素质教育。随着科学技术的进步和人类思想的发展,现代社会日新月异,学生从学校接受的知识甚至培养的能力应当跟上社会的发展,因为学生离开学校后必须面对社会。英国著名生物学家达尔文有一句名言:"物竞天择,适者生存。"要想适应社会,仅有知识是远远不够的,再加上能力也未必能应付千变万化的社会环境,还必须具有优良的素质,所以学校教育除了传授知识、培养能力之外,还必须注重提高学生的素质,否则便会造成学校教育和社会现实的脱节,容易培养出高分低能甚至是低分低能的学生。

(2)对外汉语教学尤其要注重教学实践活动。对外汉语教学中,在训练语言技能的同时,也应注重传播中国文化知识,而学生学习的语言应是实用的语言,学生了解的文化应是鲜活的文化。无论是语言的学习还是文化的了解,都需要切身的感受,学生在课堂上学习的主要是理性知识,而感性知识则需要学生从教学实践活动中来获得,并且需要在教学实践活动中进一步深化。作为实习主角的学生,在身临其境的时候,其积极性和主动性会被全面地、充分地调动起来,他们必然会全神贯注地去看、去听、去问、去想,从许多表面现象中发掘出深刻的内涵来。学生通过这种方式学习的语言和了解的知识必然是难以忘怀的,所以对外汉语教学中尤其要注重语言实践活动。实习是语言实践活动中历时最长久、内涵最丰富的一种,所以做好实习对提高对外汉语教学的整体质量有着十分重要的作用。

(3)无论在哪种种类的教学中,创造良好的教学环境都至关重要。教学环境直接关系到教学效果的好坏,而课堂模拟的现实环境再逼真,也抵不上真实存在的社会环境。在学习和生活中,学生要吃饭,要旅行,要看戏,要访友等,自然而然就会进入各种各样的社会环境。但这些环境的文化内涵随意而松散,所以必须选择一个适当的社会环境让学生接受全面的熏陶和锻炼,而能创造这种环境的教学活动就是实习。实习营造的是一种教育环境,它提供的学习环境,既是课堂教学的延伸,又高于真正的社会环境,能够寓深刻的教育意义于其中,从而更利于学生增长知识、培养能力和提高素质。

（二）从系统工程学理论上看，实习既有其最优化设计的问题，也有其最优化管理的问题

（1）所谓系统，即由若干个相互联系、相互依赖、相互作用的要素与部分组成的具有一定结构和功能的有机整体。实习正是这样一个整体，一个系统里可以包含若干个更小的系统或从属于更大的系统。实习既包含许多方面的内容，又从属于对外汉语本科教育。实习既然是一个大型而庞杂的系统工程，就要对其构成要素、组织程序、运作方式等进行科学的分析与研究，以实现取得总体最佳效果的目标。实习的方方面面，如实习领导小组进行决策、踩点、实习前期工作、带团实习、实习后期工作等，均涉及系统整体的运作，而这些问题只有从系统论的观点出发，运用系统工程学中的各种方法才能解决。

（2）系统工程学中的方法是指用系统的思想、按照系统的特性和规律认识客观事物、解决各种问题的一整套方法论体系。它具有整体性、全面性、结构层次性、相关性、动态平衡性和分析与综合的统一性等特点，具体到实习活动，就要研究在实习这一系统中采用什么样的具体措施才能使系统总体目标达到最优状态。系统工程学中使用的方法主要有系统分析、系统优化、系统预测和系统管理。系统分析即研究系统的结构、组成部分及其内在联系。实习是一个有机的整体，它是由哪些部分构成的，它的构成形态是什么样的，各部分之间存在怎样的内在联系，均需要通过系统分析来探讨。系统优化是研究如何使系统达到最优的应用科学。实习这一系统的运作必须在方方面面达到最优，才能收到事半功倍的效果。系统预测，即研究系统的发展规律，并借助科学的方法和手段对其未来的发展趋势和状况进行描述、分析，形成科学的假设和判断。在制订实习计划时，实习完全是一个有待于运行的系统，它将是一种什么样的状况、会发生什么样的问题，都需要制订者心中有数，这样才能做到有的放矢，使实习计划既有可行性，也有可靠性，能够按部就班地实行。系统管理研究如何把人力、设施、资金、信息等有限资源加以合理组织和有效利用，使其产生最大效益。实习时各方面的条件都是有限的，必须根据现有条件设计最优方案并组织实施。总之，要使实习这样一个复杂的系统有效地运行起来并取得最佳效果，没有一整套现代化的科学的管理方法是不行的。

第六章　高校汉语国际教育课堂教学

外国学生和中国学生有所不同。我们在观看众多的国外课堂的教学录像的过程中不难发现，国外的课堂教学形式比较多样，学生的学习主动性较强。这就决定了在汉语国际教育的课堂上，形式也应该是丰富多样的，这样才能吸引外国留学生的兴趣，使他们真正爱上汉语、爱上中国，从而让他们学习到更多的汉语知识和文化。

第一节　听力教学

一、听力理解的相关理论

（一）听力理解的本质

杨惠元认为，听力理解的本质是人们利用听觉器官对言语信号接收、解码的过程。听的活动，实际上是听者在接收到言语信号后，大脑的高级神经活动对该言语信号进行综合分析的过程，是对信息进行认知加工的主动行为。

听的活动一般可分为四个阶段：（1）听觉器官对接收的连续音流进行感知并切分，根据语感将连续音流切分成若干词语、语句或片段；（2）把切分出来的语言片段存储在短期记忆中，并不断地与前后的其他语言片段联系起来，逐渐扩展语义理解；（3）经过听辨的语句群经过筛选形成精练的形式和意思，储入长时记忆；（4）与各时段分别存储的意思逐渐叠加连接，直至领会材料的整体意思。

上述听的活动过程在瞬间得以完成，但在心理加工上则是一个极为复杂的过程。这是在听话人凭借已有的语言知识、语感、背景等经验采取的一系列认知策略的作用下形成的。这一策略包括预测、筛选、印证及修正等。预测是指人们在听的同时，还根据上下文、语境和其他副语言手段（如说话人的动作、表情、语气等)有意或无意地猜测下面即将听到的言语内容；筛选是指听者的注意力大部分集中于最关键的或自己最关心的言语片段，而剔除了许多次要的(或听者认为暂时是次要的)、不影响整体意思及一些与当前话题无关的内容印证是指凭借听者自身的经验背景及接下来接收到的信息对前段接收、预测和筛选的信息进行验证，将正确的理解保持下来；经印证是不正确的理解，会通过回顾记忆中存储的材料而进行调整，即修正，直至在下文中得到合理的解释。这样，听力理解就变得准确而迅速。

(二) 影响听力的因素

在真实自然的交际中，言语信号是快速、连续、线性呈现的，转瞬即逝。因此，接收和解码必须高速进行，既快又准。换言之，衡量听力水平的标志是听话人理解材料的速度和准确度，即我们常说的反应能力。听力训练的任务就是帮助学生摆脱种种因素的制约，提高这种反应能力。刘颂浩指出，影响听力理解的因素有语言内的，也有语言外的。郭金鼓在谈到科技汉语听力理解时指出，影响听力理解的语言因素有词汇量、对科技语言的了解、对语音的适应能力等；非语言因素有学生的文化知识水平和接受新知识的能力、心理和身体状况(情绪、紧张和疲劳程度等)、环境等。郭锦桴提出，语言知识是言语听力的基础。但言语听力并不仅仅是语音听力，还包含词汇、语法、文化背景知识等，实际上体现的是一种语言综合理解能力。对外汉语教学作为一种语言教学，应该更加重视语言因素。但对语言因素是如何起作用的，则有不同的观点。总的来说，影响听力的主要因素有以下两点：

1. 听力输入材料的因素

听力材料的情况对接受者的听力理解有着重要的影响。听力材料本身的一些特点，如语音、语速、词汇、句法、语篇，以及有无视觉辅助等因素，对听力理解都会产生影响。汉语的同音词、近音词较多，同样一个音节"gongshi"可以表示很多种意思，如"公式""公事""公示""攻势""宫室"等，因此，近似语音对听力理解影响很大。区分近似语音，必须以培养辨音的能力为基础。具备了良好的辨别能力，即使有些词语一时听不明白，也可以凭借正确的声音印象记录下来，以便在下面的语境中进一步修正、确认。重音和节奏对听力理解也有影响，虽然汉语中的重音没有区别性意义，但重音形成的焦点则具有语用上的意义，这会在很大程度上造成外国留学生的理解困难。节奏在一定程度上和焦点也有关系，节奏的快慢、配合重音地使用，往往可以表达说话者的主观情绪和焦点信息。话语中所强调的信息也可以凸显出来，跟上说话者的话语节奏才能把握其话语内容的推进速度和关键信息的传递点，才能达到正确的听力理解。语速毫无疑问会影响听力，若语速过快，听者来不及反应，必然影响对话语意义的理解。语速的快慢有时是一种心理感觉，所谓语速过快，有时并不一定是材料的语速快，而是听者的反应慢。生词、句型和语法现象及已学词语的陌生用法，往往是听力理解过程中的主要障碍。一般说来，同一个句子中如果出现三个以上的生词，整个句子就很难听懂了。因此，听力材料的选择一定要注意难度适当，必须循序渐进，以学生能听懂基本内容为前提，同时要注意扩大学生的词汇量。具体方法可以在听前印发、讲解即将出现的新词语，使学生在听时可以引起注意；也可以以开卷的方式，让学生学会利用工具书。对于陌生的句型和语法现象，基本上也可照此法来做，但一般以教师讲解为主。

不熟悉的题材、背景知识同样会给听者造成感知和理解上的困难。许多汉语学习者可能都有这样的体会，即在听一段材料时，虽然并未遇到什么陌生的词语、陌生的句式，但就是听不懂。比如，外国留学生听相声时，往往无法理解为什么人们会发笑。产生这种现象多半是由于学生对中国的生活习惯、话语习惯及文化背景了解不够、体会不深，表现在不适应长句子，对词语的言外之意及文化背景理解不到位。对付长句子和复杂句子的主要途径是增强学生使用语法规则的熟练程度，一方面要让学生学会抓主要词语和主要成分；另一方面要让学生善于语言分析，要注意，过多过细的语言分析易养成不良的听说习惯。有些时候，直接释义，坦言用法，使之习惯成自然，反而更有利于学生言语能力的发展。在对词语言外之意的处理上，要认识到在多数情况下，学生与其说是不懂语言的言外之意，倒不如说他们没有意识到和不善于发现言外之意。

听力材料的类型对听力理解也有影响。从形式上看，听力材料可分为单纯声音材料和音像材料；从语体上看，听力材料包括书面语材料和口语材料及各种不同功能的语体材料。大多数叙述性材料要比评论性材料更易于理解，而书面语体的材料因句法上比口语体材料更为复杂，信息冗余度小，所以更难理解。借助视觉支持的学生对材料的理解情况也比单纯靠听觉的学生要好一些。因此，听力训练初期，一般都从日常会话着手，从视听说课开始，到高年级再接触新闻、演讲材料等。就材料结构而言，依时间顺序和情节展开的过程进行的描述要比打乱顺序的描述更易于接受。从材料加工程度来看，听力材料可以分为真实语料和加工后语料两种，后者较前者更易于理解，因为加工后语料是经过筛选、调整后在专业的录音背景下录制的，语音较标准，语句更通顺，背景更清晰，无杂音干扰。而前者是从社会生活中录制的真实语言材料，说话人

-137-

因素包括说话人的性别、社会角色及其语音、语调特点等都比较复杂，而且说话人语流中的迟疑、重复、停顿、联音（包括同化、缩音、省音和连读等）及节奏变化等，有时也会引起学生的感知困难，造成其理解上的错误。这种听力材料还存在语音不够标准、常常伴随方言、句法不够规范的问题，加上实时录制造成背景有杂音干扰，会造成学生的听力困难，如实况听力课程往往就会采取这种听力材料。但是，当学生汉语学习到一定的阶段，在听力教学中引入真实听力材料是有必要的。对这个过程中产生的困难要采取正视的态度，教师要循序渐进地引入不同难度的听力材料，即使是在学生达不到实况听力水平的阶段，也应该尽可能选用原籍人士（不同年龄、性别、身份）在自然场合下的话语作为听力材料，帮助学生学会面对更广泛的社会角色，面对更多类型的交际任务，适应不同的交际场合、不同的交际对象，因为学习外语的目的就在于同更广大的目的语人群进行更自然、更真实、更直接的交际。

2.听力输出对象的因素

听力输出对象，一般就是指听话人，在这里具体指汉语学习者。听话人的文化能力、外语经验、汉语水平、背景知识、心理状态等都是影响听力理解的重要因素。语用学认为，任何语音单位由静态存在进入动态交际的过程中，便会立即和一定的语境相联系，产生具体的语义。当人们利用语言时，有的社会功能就会受到某种语境因素的制约，造成意图与字面意思相脱离。这就是很多人在汉语测试中觉得听懂了，但答案却选错了的原因所在。

外语经验包括：一定数量的可感应性词汇；一定数量的具有可使用性的语法规则和话语规则；有关的社会文化背景知识；对外语发音的习惯程度等。一个人储存的外语经验成分越多，越便于加快反应速度。

听力水平是汉语综合水平的一部分，因此，学生的汉语综合水平制约着其听力水平。学生的汉语综合水平越高，就越有利于其听力水平的提高。首先，良好的语音面貌、较高的对汉语发音的习惯程度有助于听力的发展。发音准确、清晰，对汉语的语音有正确的感性认识和亲身体验，才能有助于用内部言语快速反应所听材料，大大提高理解的速度。其次，丰富的词汇、纯熟的语法规则和话语规则有助于减少听力障碍；足够的文化背景知识有助于提高听力理解过程中的预测、筛选等能力；而较高的阅读能力和口语表达能力也都有助于听者在训练中更加得心应手、游刃有余。

听者的心理状态对听力理解的顺利进行同样十分重要。首先，听者对听力训练的喜好程度直接影响其注意力的集中，而注意力的集中程度决定着外语学习者能否连续接受语音信号并快速进行认知加工。其次，听者的自信心对听的效果也有很大影响。自信心差的学习者在遇到生词和难句时，往往比较容易紧张，一遇到听不懂的地方就思维停顿或是纠缠不放，这样对接下来的部分就会出现听而不闻的情况。如果学习者仍然不能及时跟上，就会一错再错，直接影响整体的听力效果。心理素质较好的学生，往往能够以正确的态度来对待困难，如果发生错听、误听或听不明白的情况，就会把它们当作暂时性听力障碍跳过去，继续往下听。这样当对材料有了整体性的把握之后，借助上下文猜测和推理，许多局部问题就会逐步明了。即使仍存在问题，也不会因小失大，因局部失误而影响全局。有鉴于此，听力教学应注重培养学生良好的听音方法和习惯，在听的过程中应把注意力集中在听关键词和大意上，而不是集中在听某一个单音或词上，应从听力语篇整体内容的角度进行有用信息地挖掘、推理与扩充。

二、听力微技能的培养

20世纪80年代，对外汉语教学开始按专项技能训练开设包括听力在内的课程以来，经过多年地摸索研究，听力课教学已经形成了系统的微技能训练课程教学理论。其中，影响最大的理论就是杨惠元总结的八项微听力技能，即辨别分析能力、记忆存储能力、联想猜测能力、快速反应能力、边听边记能力、听后模仿能力、检索监听能力和概括总结能力。微技能的培养对学生提高听力水平意义重大。下面我们就对这八项微技能的培养进行介绍。

（一）辨别分析能力

辨别分析能力就是处理声音信号的能力。通过听觉器官接收的言语信号，在形式上是语音形式的排列组合，只有在连续的语流中准确地分辨语音形式的排列组合，才能正确理解语音的意义。声音包括语音、停顿、音长、音强、重音、语调等，组合成我们所说的外部信号。如果听者对这些外部信号接收错了，也就理解错了。所以在训练时，学生首先要学会辨别单词中的音位及语流中的语音变化。辨别分析的第一步是培养过滤非言语信号（干扰信号）的能力，以保证言语信号的清晰度，并通过高速的思维活动迅速捕捉言语信号呈示的信息点，辨别语流中的语音变化，包括升降调、节奏、重读、略读及连续等。这些变化都会引起意思的改变，甚至停顿时间的长短也是一种信号，可反映出说话者的态度。例如，辨别重音不但可以找到谈话的关键点和中心意思，而且可以对说话者的真正含义做出推断，从而达到正确理解。

辨别能力贯穿于听力教学的各个阶段。初级阶段特别是语音阶段，听辨声母、韵母、声调音节是听力理解的基本要求。初级语音阶段，听辨训练是听力

课的重要环节,要强化训练一些难点音,如让学生听辨送气音和不送气音的对立:

　　ban/pan dong/tong ge/ke jiao/qiao chai/zhai

听辨唇齿音和双唇音、舌根音的对立:

　　fa/ma/pa/ba/ha

听辨舌面音和舌尖音的对立:

　　jia/za qiang/chang xian/shan

听辨圆唇元音和非圆唇元音的对立:

　　yu/xu xing/xiong

听辨前后鼻韵尾的对立:

　　gun/gong chun/chong yun/yong

听辨声调也是重要的训练:

　　jingyan(经验/精盐) lianxi(练习/联系) gaosu(高速/告诉)

词语阶段要让学生听辨语音相近、容易混淆的词语

　　展览/蟑螂 辛苦/幸福 年轻/念经 香蕉/想笑

除此以外还有很多,如儿化、轻声、变调等,都是要重点训练培养的听辨能力。

在句子听辨阶段,要注音句子的语调及对重音的听辨。比如:"我爸爸的朋友在上海工作了十年了。"要让学生听辨不同位置的重音落点:

　　我爸爸的朋友在上海工作了十年了。
　　我爸爸的朋友在上海工作了十年了。
　　我爸爸的朋友在上海工作了十年了。
　　我爸爸的朋友在上海工作了十年了。
　　我爸爸的朋友在上海工作了十年了。
　　我爸爸的朋友在上海工作了十年了。

进入中高级阶段,特别是在语篇阶段,学生听辨能力的培养就不能仅仅停留在对所收到的言语信号进行辨别分析上,还应该包括辨别分析言语信号的真实性和可靠性,识别优劣,去伪存真,做出判断和认识。杨惠元就举了这样一个例子:

　　除夕的晚上,我和小王来到中山公园。一对对青年男女在月光下散步,他们一边唱歌一边跳舞。不少年轻姑娘穿着漂亮的花裙子在鲜花前边照相。

这段话中存在一些漏洞,需要学生听辨语音、理解意义,并根据自己的生活经验,指出其中的漏洞和错误之处。

(二) 记忆存储能力

杨惠元在他的《汉语听力说话教学法》中强调了记忆存储在听力能力培养中的重要性，他阐述了美国教学法专家琼·莫莉的观点。她把"听力理解"解释为"听加理解"。她认为，"听"要求接收信息，"接受"要求思考，"思考"要求记忆，不能把"听""思考""记忆"三者割裂开来。其实，理解和记忆是对立统一的辩证关系，在理解的基础上记忆可提高记忆的效果，而记忆储存在大脑中的信息越多，越能加快理解的速度，增加理解的深度和广度。俄国生理学家谢切诺夫说过："一切智慧的根源都在于记忆，言语信号接收解码的速度跟已经储存在大脑中的经验成分的数量有关。"可想而知，如果人的大脑中目的语的经验成分等于零，那么他就无法解码，听力理解的能力也就无从谈起。因此，杨惠元认为，学生在课前必须预习好生词，做到会念、会写、懂意思，甚至会造句。学生预习得越好，课堂教学就越顺利。尤其是听力教学，课前预习生词、听课文前讲练生词是十分必要的教学环节。这是因为词语教学是帮助学生把一个一个的音义结合体（词汇）输入大脑，成为经验成分，并且通过大量反复地练习，使这些词语具有可感应性，达到呼之即出的熟练程度。如果缺少这一环节，就会出现学生什么也听不懂的情况，教学就无法进行。

除了引导学生课前预习以外，学生的语言知识存储和积累对听力理解能力的提高也很重要。这方面包括汉语的特殊句式、构式搭配、习惯用语、双重否定、倒装省略，等等。在实际的语言交际之中，被称作为词的单位并不总是以同样的形式出现，表示同一种意思，有时会带有些附加成分。随着学习者对语言知识和语法结构的了解越来越多，应该有所选择地听各种类型的语法特征。这样，就在大脑中建起一种机制，即使在停止专门听这样的特征或结构之后，大脑还会继续把所听到的内容加以分类，形成正确的反应。

(三) 联想猜测能力

联想和猜测都是人类的普遍心理能力。在语言教学中，联想是指听者接收到一个语言信号后，在自身的语言知识基础上迅速和其他相关的语言信号建立起联系的心理活动，也就是认知心理学上的"激活"。比如，学生在听力材料中听到"圣诞节"一词，就会激活跟这个词相关的一系列词语。再比如，学生听到"迟到"这个词，也会联想出与这个词相关的一系列词语。猜测是指根据现实的感知和以往的经验，对接收到的语言信号所表达的意义走向做出推测、估计和预测。联想和预测之间有着密切的关系，在心理加工上有着相似的过程和机制。

Harvey 在他的交际教学法中说："交际是一种控制论的过程。说话人和听话人可通过所谓的正馈结合成一个环，也可以通过反馈结合成一个环。"所以在听音时，听者可以对 A 和 B 之间的对话内容进行预测。只要 A 一开始发出信息，我们就可以对 B 的前语言现象，即他想说什么进行预测。听者还可以根据他所获得的词的声音进行联想和假设。由于词与词之间的线型联系特性，词的多义性受到限制；而词的搭配又使听者对词义的分析范围缩小。这不仅有助于预测，还有助于辨音。

我们在听外语时都比较怕听到生词，担心生词影响自己对语段的理解，但是在聆听听力材料时难免会遇到生词，且听力的即时性又不允许马上查词典，因此，学生要学会通过联系上下文对词义进行猜测。在理解和猜测的基础上，学生再根据短时记忆中存储的内容对即将出现的内容进行预测。猜测和预测的关键技巧是培养捕捉关键词和中心句的能力。所谓关键词，是指人物、时间、地点、数字等信息；中心句则需要听者根据听力内容进行把握。有人做过调查，相当比重的听力材料的第一句都是中心句。当然，中心句也可能在材料的中间和尾部，需要听者监听、筛选并判断。中心句很大程度上会体现出听力材料的主题、观点、情节等关键信息，因此，中心句的确定对有效预测和预测意义非常重要。

预测不是胡乱猜测，而是在一定基础上进行的有根据的推断，包括听前预测和听中预测。听前预测是根据听力练习的问题，大致确定材料的类型、人物、地点、时间等细节。听前预测还可以暗示学生已经对听力内容有所掌握，并准备好答题，这样就可以无形中减轻学生的心理压力，缓解其紧张和焦虑的情绪。

听中预测则是在听力活动中进行的预测。在听的过程中，我们应当捕捉关键词、关键句，不拘泥于个别不理解的字或词；抓住语义和段落义，不拘泥于材料本身的表面形式。此外，听者还可以通过判断语气进行预测。

（四）快速反应能力

在真实自然的言语交际中，言语信号是快速连续呈现的，也是转瞬即逝的。因此，听话人必须通过提高听觉器官的灵敏度，特别是提高解码操作的熟练程度来获得快速解码的能力，即快速反应能力。我们在教学中经常会考虑到汉语学习者的水平，尽量放慢语速以适应他们的反应能力，这一点在零起点阶段是必要的，但是，如果学生们习惯于这种语速，就会与社会生活用语的语速脱节，造成在学校里能听懂，出了学校就听不懂的结果。特别是在学生的汉语水平具备一定的基础后，教师就应该有意识地提高教学语言的语速，直到跟正常语速相同。与此同时，汉语教师也应该尽量减少人为成分，减少过多的语言过滤，让学生多听取各种社会阶层、各种职业人群的正常自然的话语，通过反复刺激、反复储存、反复重现、反复提取和反复使用，加快刺激反应的速度，形成条件反射，从而提高学生的快速反应能力。总的来说，在听力文本的输出速度上，我们主张根据学生的不同程度，分阶段地、有意识地加快语速，既要考虑到学生的反应水平，也要在学生实际反应水平的基础上略加难度，这样的强化训练有助于学生快速反应能力的提高。

（五）边听边记能力

俄国生理学家谢切诺夫说过："一切智慧的根源都在于记忆。"记忆活动包括三个阶段：感知记忆—短时记忆—长时记忆。听力课既要训练感知记忆和短时记忆，还要通过反复再现训练长时记忆。感知记忆和短时记忆对大脑处理连续音流中的各个片段并使之联系成可理解的意思至关重要；借助于长时记忆，储存在大脑中的经验成分才会增多。记忆的信息越多，就越能加快理解的速度，增强理解的深度和广度。针对一篇听力材料来说，学生在聆听过程中听懂了，这只是进入感知记忆阶段，如果不能及时将其转入短时记忆和长时记忆，那么听懂的信息很快就会被遗忘。因此，汉语教师要让学生在聆听过程中，将听到的语言信息，特别是关键信息记录下来，把转瞬即逝的声音符号转化为文字符号，以供随时查阅，这就要训练边听边记的能力，也叫作同步听记能力。

训练同步听记能力，是要培养学生将重要信息，如材料中出现的有关时间、地点、人物、性能、数量等内容及时用学习者最熟悉的语言或符号（不必拘泥于目的语符号）摘录下来。这样做能使感觉记忆及短时记忆的信息不被迅速遗忘，有助于学习者对听力材料的整体理解和细节记忆，并可帮助其把必要的内容转入长期记忆，作为经验成分储存在大脑之中。同步听记不是听写，应以记重要信息点为主，而对于其他空白内容，学习者可利用自己的外语经验加以填补。

（六）检索监听能力

检索监听就是带着一定的目的去听。比如，在听天气预报时，人们往往特别注意表示地点和数量的信号，即关心某地的气温情况；在听体育比赛转播时，人们特别注意比分、犯规队员或进球队员的名字及号码等。因此，教师可在听前向学生提出一些问题，让他们带着问题去听。问题解决了，表明训练目的就已经达到。训练检索监听能力关键是教会学生排除消极因素的干扰，控制不必要的联想，集中注意力，养成良好的倾听习惯，善于捕捉关键词。从功能上看，检索监听则是根据标记去捕捉特定信号。听力教学的一个重要目的，就是训练学生感知语言材料的主旨，捕捉说话人谈话的主题，而不是单一的词语或句子训练，其重点之一是语言材料的主要内容，重点之二是内容的深层含义。

（七）概括总结能力

概括总结能力的培养，即训练学生感知语言材料的主旨，捕捉说话人的主要意思的能力。由于短时记忆的容量有限，学生只能记住语料的大概意思，而很难记住确切的语言形式。概括总结能力的提高同样不是一蹴而就的，必须经过长期不懈、循序渐进的训练。因此，教师从开始阶段就必须重视对句义理解的训练，先锻炼学生抓住整个单句意思的能力，然后再过渡到捕捉语段直至整个篇章中的关键句子和主题。在教学中，我们要求学生在听两遍至三遍后，借助背景知识、上下文语境、逻辑判断和言语习惯，将所听语段的主要事件和主要内容口头表述出来。

杨惠元在谈到听力训练中的概括总结能力时说道，有时候听完一篇短文让学生说说其中最主要的内容，结果大都说是一些细枝末节、只言片语，有的学生几乎能把文章的字句复述下来，可就是说不到点子上。因此，他主张概括总结能力的培养，即抓要点的训练应该从一开始就强调，并且要贯彻听力教学的始终。所谓要点包括两个方面：一是语言材料的主要内容；二是主要内容所蕴含的深层意义，即中心意思或主题思想。抓要点的练习可以从单句训练开始，再过渡到成段的话语练习，最后训练学生概括总结全篇的主要内容和中心意思。

（八）听后模仿能力

从严格意义上说，杨惠元谈到的听后模仿技能并不属于听力的技能，而是听者通过复述听到的语音、词语、语句来增强这个语言单位在大脑中停留的时间，从而加强记忆，有助于听力水平的提高。因此，听后模仿是一种把感知记忆转变为短时记忆和长时记忆的能力。比如，听者对某一信号的内容把握得还不十分完整，想再次证实自己的理解或者关注与之有关的情节的进一步发展，他们在听的过程中往往就会有意地去捕捉某些特定的言语信号。当相同的信号在下文或在复听上文时再次出现，听者就可以从记忆中及时提取已存储的信号与之进行对比，以判别是否为自己所需的信号，一旦捕捉到自己所需的信号，就可对它进行再次理解的活动。例如，听者特别关注一个叫"张晓霞"的关键人物，当他把"张晓霞"这个信号储存在大脑中后，在继续听的活动中，他就会对"张晓霞"这一信号特别敏感，一旦出现就会及时捕捉住。同样，听者完全有可能在听到"属国家保护的一、二类动植物有灵猫、云豹、华南虎和香果树、铁杉等"时，没有听清或没有及时对具体的动植物信号做出反应，但是，如果他及时地将所听出的"国家保护的一、二类动植物"等信号（或其中的部分信号）及时存储，并进行听后模仿，那么当听下文或复听上文时，他就会特别注意这些信号。一旦这些信号出现，听者便会立即注意，从而特别注意这些信号后面即将出现的其他（上次被听者忽略的）信号。

第二节 口语教学

一、对外汉语口语教学的现状

（一）留学生个体差异大

在对外汉语教学中，学习者来自不同的国家和地区，因此，学习者的知识水平、文化背景、经历、职业、性别、年龄、思想状况、学习动机、兴趣爱好等各方面都不相同，而这些因素都会对教学方法及教学效果产生直接的影响。

（二）分班不够细致

在对外汉语教学中，通常情况下，首先是根据学习者的汉语水平进行分班；其次，在教学条件允许的情况下，也应考虑到国别的因素进行分班。但目前很多学校很难做到这一点，而只能采取混合编班的形式。在这种情况下，汉语教师就无法完全考虑到学习者的文化差异、学习目的等因素，这在无形中会增加口语教学的难度。

（三）口语教学方法单一

口语教学方法单一主要表现在教学中过多地"强调以教师为中心"，学习者处于被动状态，不易激活学习者的主动性和积极性，缺少有针对性的、适应性的教学方法。

（四）交际意识不够强

很多口语课过多地进行知识传授，却没有侧重培养学习者运用知识的能力，只讲语言的形式和意义，不讲语言的用途。必须将交际性作为语言教学的主导原则，以语言的应用及交际能力为出发点开展教学，将语言能力与交际能力有机地结合起来是口语课的重要任务。语言是人们互相交流和理解的重要桥梁，是社会文化的产物。深入了解语言所蕴含的文化内涵，是将语言知识转化为交际能力不可缺少的条件。一个人对语言的掌握最终要表现在语言技能和语言交际技能的运用上，所以在口语教学中应该强调从交际需要出发，通过交际过程掌握语言形式，把语言知识转化为语言技能，再把语言技能转化为语言交际能力。

（五）教学中过多地使用媒介语

特别是在初级阶段，教师常常过多地使用媒介语进行教学。虽然媒介语不可能实现完全不使用，教师可通过一定的对比和翻译来进行教学，但从教学效果出发，应把媒介语的使用减少到最低限度。除了十分必要时恰当地使用某种媒介语以外，教师应尽可能地使用目的语，其语速和用词等要适合学习者的实际接受水平，从而帮助学习者直接、有效地接受目的语，这就是我们所说的"从目的语到目的语"的教学方式。

二、对外汉语口语教学研究

（一）综合技能的教学方法——情景法

在传统的口语课教学模式中，教师是课堂教学的主导，课文是课堂教学的内容，由教师扮演"施动者"角色、学生扮演"受动者"角色，整个过程就是将课本知识传授给学生，"受动者"常常处于静止的接收信息的状态，按照既定的提示与要求进行合乎规范的反馈。而理想的口语课模式应该是让教学双方处于一个平等而开放的循环系统中，"施动者"首先提供一条信息后，"受动者"改变其静止的接收状态，即在进行消化、思考、选择、创造等诸多环节之后，再用口头表达或者身体语言进行反馈，其状态是参与性的、互动性的，然后再进行有选择地接收及合理的联想和创造。"施动者"通过"受动者"的反馈，调整自己传播信息的强弱，甚至传播的趋向与内容。

口语课教师的任务不仅是传授口语知识，更重要的是训练学生的口语交际能力，最有效的教学方法就是创造生动、具体、真实的语言情景。情景教学适用于口语教学的多个环节，在语境中解释生词、练习句式、进行功能训练都可以取得较好的效果。目前的口语教材虽然形式上大多采用对话体，但仍然不能体现生活中对话的自由性、临时性等特点。

一篇完整的口语课文通常体现一个话语功能项目，教师不可能一次性地将整篇口语课文介绍给学生。教师必须对课文话题的情景进行再设计，也就是在一个母情景下再设计出便于成段演示的具体的子情景。以北京大学出版社出版的口语教程《中级汉语口语》第三册第十六课为例，本课情景为"告别"，可课文分为三个子情景：第一个子情景为"主人公马上要回国了"，第二个子情景为"为什么现在要回国"，第三个子情景为"回国前的心情和对中国的印象"，再往下还可以有其他的子情景，如"准备一些体现中国特色的工艺品或礼品带回国""送别的时候"等。这种对情景的再设计，有益于难点分散，有益于让学生循序渐进地、滚雪球似的掌握在一个大的语境中的口语表达技能。

　　设计好子情景之后，下一步就是开始具体的交际训练。在让学生进行实际训练之前，教师应首先进行每一个子情景的演示。演示的方法有几种：其一，教师可利用图片、实物、影像片段、PPT 等进行演示；其二，教师可自身作为交际的一方进行演示。教师可与班内交际能力较强、语音与语调较好的学生进行演示。这种演示方法就是为了明确地告诉学生，在这样的一个子情景下，交际双方应如何表达。在演示过程中，教师可将本子情景中出现的重点词语、句型及特别的口语表达形式等展示在黑板上或者 PPT 上，从而有助于学生运用新内容，避免学生就易避难。若遇到学生不明白的词语或口语表达方式，教师可加以说明，随后让学生做模仿练习。这种模仿练习比较常见的就是在课堂上将全体学生分为交际双方的角色或多个交际角色进行"合唱"型练。教师在每组练习结束后进行点评，发现问题及时纠正。也可以以接力的方式进行练习，也就是某一子情景让几个人以接力的方式来完成。无论采用哪种方法，教师都要控制好时间，保证教学的正常进行，同时尽可能调动全体学生开口表达的积极性。

　　情景法的最终目标是解决课文知识和真实生活内容的接口问题，最大限度地在课堂上再现生活口语。每篇课文中的功能专题，如"谈家庭""谈交通""谈天气"等，只能围绕几个、最多十来个基本句子展开。学生即使全部背下来，也仍无法满足基本的交际需要。学生所学口语可以进一步在扩展替换练习中得到强化，但如果这种练习没有结合他们的实际生活经验，没有激发他们的主观能动性，那么他们仍无法触类旁通。在句型教学中引入现实的交际场景，可以将模式化的语言材料还原到真实可感的生活中。除了课文教学以外，生词教学也可以多尝试运用情景法。比如，在《汉语会话 301 句》第 24 课中，生词表集中出现了"糟糕""可惜""遗憾"这几个表达情感的词语，此时教师可以用创造情景的方式让学生练习用这几个词表达情感，如设置一些可以让学生即兴对答的环节。教师说："我的钥匙找不到了！"学生可能会回答："真糟糕！"教师说："我今天晚上要去参加一个重要的会议，不能跟你们一起去看电影了。"学生也可能用"真可惜""太遗憾了"之类的句子进行回答。这种应答不仅让学生学习了词语，还提示了他们运用的场合，为其进一步实际运用打下基础。情景式的会话练习要防止学生采取分角色朗读的形式，因为有的学生会尽量使用课文语句，这对提高其交际能力起不到有效的作用，反而会使他们产生一种心理依赖。这样，学生一旦脱离书本，离开自己"扮演"的朗读或者背诵的角色，就难以进行交际。教师要让学生做会话练习前，先熟悉掌握已学的句型，鼓励他们在练习过程中根据实际生活对内容进行"改编"。如课本上很多话题都是学生生活中常用的对话，教师可让学生将其作为表达自己的具体愿望的基础材料即兴发挥，创造出和课文内容相关又不相同的会话练习。其实，学生很愿意在了解一般用语并做了一些句型练习以后，用自己的生活实景完成对话练习。

（二）口语课堂教学设计

1. 教材分析

教学材料：康玉华、来思平《汉语301句》第28课。

《汉语301句》是为初学汉语的外国人编写的速成教材。该教材一共40课，另有复习课8课。40课内容包括"问候""相识""天气"等交际功能项30个左右，生词800个左右，以及汉语基本语法。每课分句子、会话、替换与扩展、生词、语法、练习六个部分。该教材注重培养初学汉语者运用汉语进行交际的能力，采用交际功能与语法结构相结合的方法来编写，将现代汉语中最常用、最基本的部分通过生活中常见的语境展开，使学习者能较快地掌握基本会话301句，并在此基础上通过替换与扩展练习，达到能与中国人进行简单交际的目的，为进一步学习打下良好的基础。

2. 教材处理

（1）本教材注重交际功能，特别是常用的、基本的情景交际，但是情景较偏重校园生活，场景有些单一。对此，教师在教学时应适当丰富交际场景，特别是当下的、具有时代性的话题场景。

（2）生词释义的环节要注意时间安排，重点突出，不宜平均用力。

（3）听说结合，在课堂上加强对听说能力的培养，此外，在练习环节要加强分角色的对话训练。

3. 教案示例

（1）教学对象

零起点的海外汉语学习者。

（2）教学内容

本课的生词、句式和"比较"的功能项。

（3）教学目标

①让学生能够准确掌握生词的意义和用法。

②让学生能够准确掌握比较句的基本句式用法。

③让学生能够准确掌握课文中出现的几种特殊结构或短语的用法。

④让学生能够熟练运用所学词语、短语和句式进行会话。

4. 教学重点

（1）学习生词，掌握其意义和用法。

（2）学习并掌握比较句的几种相关句型的用法。

（3）学习并掌握数量补语的用法。

（4）学习用相邻的两个数字表示概数。

5. 教学过程（120分钟，三课时）

（1）复习上一课所学的内容，导入新课。（5分钟）

教师带领学生进行复习并对话："我们上一课学的是'你不要抽烟了'，为什么不要抽烟了？因为抽烟对身体不好。小王经常抽烟，所以经常咳嗽，身体不太好；老师从来不抽烟，所以身体比较好。那么，老师的身体和小王的身体（辅助比较的体态）……"预习过新课的学生会说出含有"比"的句子。导入新课完成。

（2）学习生词。（20分钟）

生词共22个，PPT展示。请三名学生轮流朗读生词。朗读完毕，再请三名学生轮流读。教师纠正学生的语音、语调。

教师带领学生齐读生词，按生词表顺序读，再打乱顺序读，注意难点音"雨""预报"及"有时候""暖和""凉快"（轻声）。齐读完毕，请个别学生认读。

重点生词：

介词（动词）：比

生词部分不用过多展开，放到句型讲练中。

形容词：高、胖、瘦、旧、暖和、凉快

使用语境教学法讲授，让学生造句，注意反义词的扩展教学。

一组和天气有关的词语：

气温（用搭配用法和"天气"进行区分）；冬天、夏天、秋天、春天；下（雨、雪）、刮（风）（注意这两个动词在天气类词语中的搭配项，不要过多扩展用法，如"下棋""下命令"等）；摄氏度（讲解其量词用法，和数词的搭配，扩展相关词语"零下"）。

（3）句子教学。（30分钟）

①本课一共8个基本句。教师在教学中再补充一个基本句。

②语法讲解重点。

用"比"表示比较。介词"比"可以比较两个事物的性质、特点等，基本句型是 A+ 比 B+AP（形容词或形容词短语）。

基本句倒句：
"他比我忙。"
"他二十九岁，我十九岁，他比我大。"
"今天比昨天暖和。"
动词成分比较的例句：
"他唱歌唱得比我好。"
"他跑得比我快。"
基本句扩展，用程度补语，说明差别的程度。例句：
"他比我大一点儿（一些）。"
"他们班比我们班的人多得多。"
"他跳舞跳得比我好得多。"
"这儿比东京冷多了。"
"明天比今天还冷呢。"

注意：如果要表示差别程度不大，可以用"一点儿""一些"；用"比"的句子里不能再用程度副词——"非常""很""特别"等，告诉学生在比较句中表示程度比较高的方法。

表示比较结果相同，例句：
"那儿的天气跟这儿一样吗？"（"跟"可以换成"和"）
介绍差量的比较，引入数量补语在比较句中的使用，用"比"表示比较的形容词谓语中，如果要表示两事物的具体差别，就在谓语后边加上数量词作补语。例句：
"东京的气温比这儿高五六摄氏度。"
"他比我大两岁。"
"他家比我家多两口人。"
"他比我高2厘米。"
"你家的房间比我家多一间。"

用相邻的两个数表示概数。把两个相邻的数字连在一起，可以表示概数。
例句："北京的夏天不太热，大概三十二三摄氏度。"
练习：二十二三摄氏度；二三百人；五六个房间。

基本句教学重点在句型操练，不要上成语法课，要强调学生的语音、语调。学生一句一句地跟读，然后全班齐读或者学生轮流读。在学生读完以后，教师要对学生的发音进行纠正。

（4）会话教学。（30分钟）

请四位同学分两组分别朗读会话，在学生朗读完后，教师纠正学生的语音、语调的错误，然后领读、齐读。接着教师针对会话进行提问："今天天气怎么样？""今天的天气和昨天比怎么样？""东京冬天的天气怎么样？""天气预报说什么了？"然后教师针对会话进行提问："北京的夏天气温大概多少摄氏度？""玛丽国家的天气和北京比怎么样？""玛丽喜欢冬天吗？为什么？"

请学生熟悉课文，然后进行 Pair Work，选择几名学生进行课文复述。

实际技能训练：

设定实际场景，让学生练习比较句，选择几组（根据学生人数）扮演不同角色。

（5）替换与扩展教学。（10分钟）

①替换部分先让学生准备，然后请学生进行替换表达，教师纠错。

②拓展部分最后还有两个例句，请学生先朗读再进行替换和扩展。

欢迎你们（什么时候）来（哪儿），因为那时候……

（什么地方）的（什么季节）常常……不常……

（6）练习。（20分钟）

①读词语并造句。

②用"比"字句回答问题。

③听说练习。

④语音练习。

（7）课堂小结及布置作业。（5分钟）

总结本课的重点内容，让学生课后完成练习部分的2、3两项。

6.教学反思

比较句是汉语中一个重要的句型。本课结合学生的学习阶段，进行差比和同比两种下位句型的介绍，把学生常用到的数量补语放到比较句中进行教学。约数的表达也是本课的一个重点，教师要注意汉语中个、十、百、千、万等不同位数的不同约数的表达方式，防止学生泛化使用。

第三节　阅读教学

《高等学校外国留学生汉语教学大纲（长期进修）》（2002）和《高等学校

外国留学生汉语言专业教学大纲》中均明确规定，汉语阅读课是阅读技能训练课。关于阅读技能训练的内容，周小兵、陈昌来等人均有总结，主要有猜词技能、理解长句和难句技能、寻找主要观点和主要细节技能、预测技能、快速阅读技能等。

一、猜词技能

猜词是较为有效的一种阅读策略。阅读者在阅读中遇到生词时，可能跳过去，也可能通过各种方式进行查询，但更多的时候，是使用自己已经掌握的文字学、词汇学、语法结构等语言知识及其他背景知识，通过生词的构成和上下文来猜测词义。

阅读研究成果指出，有的猜词策略是学习者天生就会的，如利用已有的背景知识等，但有的策略却需要通过一定的训练才能形成。外语阅读面对的是不同的文字书写系统，特别是由于汉语文字系统的特殊性，对于将汉语作为第二语言的学习者来说，猜词技能的训练尤为重要。汉语阅读中常见的猜词技能训练如下：

（一）利用汉字造字法猜测字、词的意义

汉语中的一个音节在书面上往往就是一个汉字。汉字虽多，但组成汉字的部件是有限的。教师利用汉字本身的造字特点，可以训练学生猜测汉字的能力。在现代汉字中，形声字占了绝大多数。形声字一般形旁在左，声旁在右，形旁表示字的意义，声旁表示字的读音。教师把形声字的造字法介绍给学生，让学生可以利用形声字的表意性质在上下文中去猜测不熟悉的字、词的意义大致与什么有关。

在教学中，教师首先要让学生对汉字常见声旁、形旁及其表示的意义形成较完整的认识。这个部分可以分两次完成：先进行声旁训练，让学生通过声旁认读不认识的汉字；再进行形旁的教学，主要介绍不同形旁代表的意义，训练学习者利用形旁猜测词义的能力。教师简单介绍后，就可以给出一些典型的形声字，鼓励学生大胆认读、猜测。这部分需要注意的是意义接近的偏旁，如两点水和三点水，言字旁和口字旁，学生容易混淆，所以在教学中教师要详细讲解。

（二）利用合成构词法猜测词的意义

综合课教学部分已提及，现代汉语的词分两类：单纯词和合成词。合成词在现代汉语词汇中占比较大，由两个不同的单音节语素构成的双音节合成词是现代汉语的主要形式，占了汉语词汇的80%以上。双音节合成词的构词方式

规律性很强，主要有联合式、偏正式、述宾式、补充式和主谓式。了解了这些构词方式，学习者就可以根据合成词中一个语素的意思来推测整个词的意思，以排除阅读时的部分障碍。同时，由于汉语合成词的组合原则与汉语词组的组合原则基本一致，了解合成词的构词原则对留学生学习词汇和提高汉语的理解能力都有很大的帮助。

在教学中，教师首先可以通过扩展语素和归纳语素的练习，让学生对语素和合成词有个初步的概念。比如，"球"可以扩展出"足球""篮球""羽毛球"等；"歌星""影星""球星""明星"可以归纳出"星"的含义等。在学生掌握了一定的词汇量以后，教师就可以鼓励学生利用已掌握的语素意义大胆进行猜测，引导学生在看到一个不认识的合成词时，先把词拆成语素并辨析其结构，然后根据语素意义和词的构成来猜测整个词的大概意思。针对学生的学习情况，等学生能够熟练运用语素和构词法猜词后，教师还可以将猜词训练扩展到成语和词组教学中。

（三）利用上下文同义词、近义词、反义词互释来推测词语的意思

目标词的前后常常有意义相同、相近或相反的词出现，而这些词语其实已经解释了目标词的含义，与目标词互相解释、互为说明。学者如果知道了这些词语的意思，就可以大致猜到目标词的含义。如：

"这种饭馆便宜、实惠，是留学生最喜欢去的地方。"（便宜→实惠）

"东方人说话常常比较委婉，但西方人比较直接。"（直接→委婉）

在训练过程中，教师要提醒学生学会抓住同义、反义的标志词，厘清句子逻辑上的关系。

（四）通过上下文线索猜词

上下文线索主要有两种：一是句法关系线索，二是语义关系线索。句法关系线索如：

"她穿着_____。"谓语动词"穿"后只能是鞋、衣服，不可能是其他物品。

"_____飞了。"谓语动词"飞"前的主语只能是鸟类或飞机等飞行物。

"他在博物馆上书法课。"学生如果不认识"博物馆"，通过介词"在"，大致可以推测出"博物馆"是一个地方。

人们在使用语言时，前后的句子不是孤立的，而是在意义上存在着某种联系。如难度高的词语前后总会有一些简单的句子来解释这个难词的意思，这样的解释可以降低理解难度，也可以通过语义重复来达到强调的作用。通过前后

句子的意思,学习者就可以推测出生词的大意。如:

"我感到很迷惑,不明白他为什么要这么做。"目标词后面的句子直接解释了目标词的意思。

"好久没有吃辣的了,今天吃了顿四川火锅,真过瘾。"通过前面句子的描述,读者大概能理解目标词的意思。

"他的英语真差劲,中国人听不懂,外国人也听不懂。"通过后面句子的叙述,读者能大致推测出目标词的意思。

人们在使用语言时,也常常会用一些意义上对立的句子。通过这种对立关系,读者只要看懂了其中一个句子的意思,就有可能猜测出另一个句子的意思。如:

"他是一个很慷慨的人,不像他爸爸那么小气。"

学习者通过语义关系线索猜测词语时,要关注标志词。比如,表示同义关系的标志词有"就像……一样""也就是说……""……就是……"等;表示对立、相反语义关系的标志词有"但是""其实""实际上"等。

利用上下文猜词,已经不限于句子之内,而是要从段落甚至篇章的角度来考虑,而且往往会出现句法关系线索和语义关系线索同时呈现的情况,学生掌握起来比较难。在这种情况下,教师应该遵循先易后难的原则,从简单的、有标志词的句子开始训练,并要求学生在阅读时把标志词画出来,以提醒其注意。

二、理解长句和难句技能

二语学习者在看到一个带有不少生词的长句时,往往会觉得头疼,认为必须把每一个生词都查字典弄明白后,才能继续读下去。但是,母语阅读的经验告诉我们,文章中其实有不少冗余信息,读者并不需要读懂每一个字的意思就能理解文章讲什么。因此,在句子很长、修饰成分很多,且修饰成分中有很多不熟悉的词语的情况下,教师要训练学生压缩句子中不重要的词语和句子成分,抓住句子的主干,从而化繁为简,使句子的脉络和关系更加清晰,有助于学生理解句子的主要意思,并提高阅读速度。如:

"苏州的秋天空气清新,阳光灿烂,温度适宜,食物丰富,风景秀丽,是一年中最好的季节。"

"在北京,他游览了故宫、长城、十三陵、天坛、颐和园、圆明园等名胜古迹。"

"李时珍不喜欢当官,喜爱医学。他向父亲表示要行医的不可动摇的决心,说:'身如逆流船,心比铁石坚。望父全儿志,至死不怕难。'父亲只好同意。"

第一句话中用很多并列的近义词组来描述苏州的秋天之美,略去不影响整个句子的意思;第二句的举例部分叙述细节,如果提问没有涉及,阅读时完全可以跳过;第三句引用古诗词来说明李时珍不可动摇的决心,只是为了增加文章的文学色彩,懂不懂都不影响对整个句子的理解,这些都是在阅读时可以略去的部分。

在教学中教师要告诉学生,当看到一连串的近义词时,找一个最简单、自己把握最大的来看,其他的即可跳过;当看到列举性的或举例性的句子,特别是句子里有"比如""例如"等字眼时,后面的例子都可不看;当看到"俗话说"等表示引用的词语或者引用他人言语的引号("……")时,就可以考虑跳过引用的词语或句子。

还有一些有复杂成分的句子。例如:

"售货员是一个圆圆脸儿、大眼睛、长头发、声音甜美、热情待客的年轻姑娘。"

"在世界各国人民的热心帮助下,在全国各地的大力支持下,遭受百年不遇强烈地震的四川汶川灾区人民顽强地度过了灾后最艰难的日子。"

由于这两个句子中有复杂的定语或状语,教师可通过提问的方式让学生找出句子的主语、谓语、宾语,然后告诉学生,阅读时那些复杂的修饰成分都可以跳过。

三、寻找主要观点和主要细节技能

(一)寻找主要观点

人们阅读文章的最终目的是了解作者的思想和观点。在二语学习中,常常通过考查抓主要观点来考查学习者的阅读水平。HSK 阅读考试中,常用三种题目来考查学习者对文章主旨的归纳:(1)主题问题。这篇文章的主题是什么?主要内容是什么?(2)标题问题。请给这篇文章拟一个合适的标题。(3)意图问题。作者为什么写这篇文章?作者写这篇文章的意图是什么?

在阅读中,学习者可以通过寻找主题词和主题句的方法来确定文章的主要观点。主题词就是作者关注的重点,一般会在文章中或练习中多次出现;如果文章有标题,则标题一般就是文章的主题,其中包含主题词。主题句简明扼要地表达了作者的主要观点或文章的主要内容,一般出现在文章开头或结尾部分,或者首尾呼应。议论文和说明文的主题句往往比较明显,而在叙述性的作品中,主题句有时蕴含于文章中,需要读者去总结归纳。

寻找文段的主要观点是篇章理解的重要内容，不仅要读懂字、词、句，还要求更高层次的理解，因此难度比较大。在教学中，教师首先可以从标志明显的文章开始训练，如在表示举例的"比如""例如"等之前表示总括的句子常常是主题句，在表示归纳总结的词语"总而言之""总之""所以""因此"等之后的句子也常常是主题句；然后，再做主题句在文章中间的练习；最后，引导学生利用主题词自己归纳主题句。

（二）寻找主要细节

文章中用来证明主要观点的一切事物都可以看作细节。有的细节是句子，有的细节则是词语或词组。我们说的主要细节，指的是回答问题需要的细节。在阅读测试中，除了关于主题的题目外，最常见的就是针对文中细节的题目。每篇文章中都会出现不同的细节，任何事物都可以作为细节出现在一篇文章中，细节在文章中纷繁多样。快速找到需要的细节，是阅读必备的技能。

寻找细节训练可以这样进行：首先找到主题句或主要观点，那么与主题相对的部分就是细节部分；然后分析细节支持主要观点的模式，如空间关系是如何描述的，事件过程按什么顺序，说明用的是举例、分类还是比较，细节和主题之间是因果关系还是分析和定义关系等。这一部分可以结合关联词语来分析。一篇文章往往有很多细节，在寻找细节的过程中，教师要让学生养成对重要细节做标记的习惯。这样有助于学生记忆，可以让学生在回答问题时迅速找到需要的细节。

四、预测技能

预测也叫预期推理。在阅读中，阅读者常常根据自己掌握的知识，通过上文对下文将要出现的内容进行推理。在阅读中，预测可以帮助读者保持理解的连贯性，降低阅读难度。我们在二语阅读中都有这样的经验，即当下文与预测一致时，即使有生僻的词语，也不会影响我们对文章的理解；而如果阅读同预测相矛盾，则阅读花费的时间会更长。同时，因为预测是读者主动性的体现，所以预测也可以给阅读带来乐趣。阅读中的预期推理有两种类型，即基于句法语义的预期推理和基于世界知识的预期推理。

基于句法语义的预测，如："一般是我的妻子为全家人买牙膏，可是现在，我＿＿＿＿＿。"读到"可是现在"，就可以推测后面大概是"我"要去买牙膏了。这主要是根据表示转折的关联词语可以预测后一分句的内容跟前面相对。在阅读中，通过关联词语，读者可以对句子的逻辑走向进行预测。

当句子之间没有关联词连接时，句子往往是靠语义上的意合组合起来的，这时的预测建立在对语义内容的理解上，如果能把握内容上的关联，就可以进行预测。如："一位大学教授告诉我，他每次遇到压力和困难时，就放开一切去看场电影，'我选择一部特别伤感的片子，大哭一场'。一位有三个孩子的年轻母亲，也用同样的办法＿＿＿＿＿＿。"对于上面的这段话，通过"也用同样的办法"，读者便可以推测到那位年轻的母亲要做什么。这是一种语义上的重复。

一些副词常表示某一类语义，因此，通过副词读者也可以预测到这一特定的语义。例如，"本来"句后面的句子常常表示情况发生了变化，"其实"句表示情况跟之前认为的不一样，等等。如："我本来是想去超市的，＿＿＿＿＿＿。"

汉语中的并列句、排比句、对偶句等，形式固定。只要了解了这些句子的结构特点，读者就可以对后面的内容进行有效预测。如："红茶以安徽省的都红最有名；绿茶以浙江省的龙井＿＿＿＿＿＿；乌龙茶以福建的铁观音＿＿＿＿＿＿。"这是一个排比句，句子格式应该相同，所以读者据此推测出空格里应填"最有名"。

基于世界知识的预测，即在阅读的过程中，人们会根据自己的个人经历和关于世界的百科知识来进行预测。如果一个人去过黄山，当他阅读到关于黄山的文章时就会比较容易；如果一个人具备关于植物的知识，那么当他读到相关的文章时，预测起来就会很容易。当然，如果是二语阅读，二语学习者对二语文化背景知识掌握得越多，预测起来也就越容易。

但也有很多因素会影响预测的产生。研究表明，语篇长度、语篇因果关系强度、读者的二语语言能力强弱、读者的二语背景知识多少等，都是影响预测的因素。比如，语篇的因果制约因素主要取决于提供的信息充足与否，当信息非常充足时，读者就会做出明确的预测。例如，当读到"那位女演员从14楼的窗户跌了下来"时，读者会预测到明确的结果——那位女演员死了。当信息中等充足时，读者会做出笼统的预测。例如当读到"那位女演员从窗户上掉下来"时，读者只能笼统地推测"那位女演员受伤了"，至于具体伤到哪种程度，读者则无法明确。心理研究认为，读者预测到某些事件或状态或故事目标，都会有助于理解故事内容。

在教学中，教师应引导学生根据上下文的意思、关联词语和副词等来进行预测，除此之外，还可以设计一些课堂预测的活动来锻炼学生的预测能力。当然，在进行这些活动时，教师要提醒学生按照二语思维表达习惯和二语文化习俗来进行。比如，教师可以在课堂上进行故事接龙练习，由一人开头后，其他学生接着往下讲。在学生讲完后，教师点评，指出哪些情节是不符合二语逻辑思维表达习惯的,哪些地方不符合二语文化习俗等。教师还可以给学生一些标题,让学生预测文章可能会讲些什么内容。将这样的练习穿插在阅读理解的过程中,既能提高学生的预测能力,又可以活跃课堂气氛。

五、快速阅读技能

所谓快速阅读,是指在不降低理解率的前提下,以尽可能快的速度所进行的阅读活动。在二语阅读教学中,快速阅读是一项重要的内容。以汉语为例,普通中国读者的平均阅读速度为每分钟300～500字,而在HSK的阅读要求中,初、中级一般为每分钟120～150字,高级为每分钟200～250字。由此可见,学生阅读速度的提高,仍有极大的余地。

对于阅读速度的提高方式,陈贤纯提出了四点建议:缩短眼停时间、减少或杜绝眼睛的回跳、眼睛只作选择性停留、扩大视幅。

前面三点其实就是要改变不良的眼动习惯。第一,缩短眼停时间。如果看一行文字眼停两次,每次半秒钟,那么需要一秒钟。阅读时,明确阅读目的,提高阅读熟练度,进行限时阅读,可以缩短眼停时间。第二,减少回视。初级阅读的学生常常会回过头去重读前面读过的部分,有时仅仅是为了某个字或词的理解。回视不但影响阅读速度,而且对内容的理解也易产生负面的影响。所以,在快速阅读训练中,宁可让学生看完所有内容再回视,也不要让学生养成在阅读中反复回视的习惯。第三,减少注视点。注视点越多,阅读速度越慢。一般来说,文章中总有不少信息是冗余信息、对于这些信息,阅读时可以有选择地跳读,只阅读跟阅读目的相关的部分,这样就可以减少注视点。例如,在阅读长句时,注视点只落在句子主干上,就可以有效地减少注视点。

扩大视幅。视幅即视觉宽度,指眼球不移动时,识别汉字的视觉宽度。一般来说,识别汉字的数量多少与视幅宽窄成正比。识别汉字越多,视幅就越宽;识别汉字的数量越少,视幅就越窄。扩大视幅,就是争取在每次注视时多识别一些字、词,从而提高阅读速度。初学汉语的人,由于对汉字的字形、读音、词语、句法结构等不熟悉,视幅往往很窄,眼球不动时,通常只能识别一两个汉字。这时候的阅读速度很慢,完成一个句子的阅读要花费很长时间。随着汉语水平地逐步提高,学习者掌握了一定量的汉字、词语,熟悉了汉语句子的结构,对汉语形成了一定的语感后,其视幅会慢慢扩大。

扩大视幅不仅可以提高阅读速度,还可以提高阅读质量、降低疲劳感。语言是借助于词语和句子来传情达意的,一个一个字、词地阅读,往往不利于整体意义的理解。有的句子很长,一个字一个字地阅读,读到后面,可能早已忘记了前面在讲什么，非常影响阅读理解。而如果掌握了扩大视幅的阅读方法，减少眼动次数，一个意群一个意群地阅读和理解，很容易明白这个句子的意思，就不会发生理解的偏差，也不容易疲劳。例如：

"过去的互联网，发展程度远远超过我们的想象；今天的互联网，正在改变我们的工作和生活；未来的互联网，也许更难猜想。"

意群是从语义角度来看的，因此意群的分割可大可小。我们可以按词、词组意群来分割，也可以按小句意群来分割，主要视学习者语言水平的高低而定。将这个句子划分为六个意群，读者的眼球只需要移动六次，对整个句子的结构和语义就能很好地把握。

汉语跟拼音文字相比，一个显著的特点就是词与词之间没有明显的间隔。这就给初学汉语者带来了分词的问题，也给他们扩大阅读视幅带来了一定的困难。在初级阅读教学中，教师要对学生进行多音节词的认读训练，也就是说，要训练学生在眼球不动的情况下，认知的是双音节词或多音节词，而不是单字。

汉语相较于其他很多语言的另一个特点是形态变化标志不明显。汉语倾向于语义表达，是"意合"的语言。在阅读训练中，教师可以划好意群让学生阅读，也可以让学生给句子划意群。这样的练习，可以让学生养成以意群为单位的眼动习惯。

快速阅读一种最行之有效的训练方法就是限时阅读。但每篇文章的阅读时间究竟多长，教师要根据学生的阅读水平、材料难度来定。刚刚接触教学没有经验的教师，可以通过分析文章中的词汇量、词汇等级、语法等级，比照大纲对学生汉语水平的要求来确定阅读时间。

此外，快速阅读的训练中还要注意纠正错误的阅读习惯，朗读、唇读、指读都是错误的阅读习惯。有些读者习惯于对文字符号进行"形—音—义"的加工，也就是要把每一个字都用声音读出来，或者不出声地唇读，或者要用手或笔指着阅读，才知道作者在讲什么。这样的阅读，不但速度慢，而且对理解也没有太大的帮助。在训练中，教师要让学生尽量抑制发音，只用眼睛和大脑活动，把视觉器官感知到的文字符号直接反映到大脑，把"形—音—义"的加工过程缩短为"形—义"的过程。刚接触二语阅读的学生尤其容易养成朗读、唇读、指读的错误习惯，所以教师在教学过程中一定要不断提醒学生这是一个坏习惯，从而让学生加以克服。

第四节 写作教学

一、第二语言写作教学的任务

对外汉语写作教学起步较晚，受母语教学的影响较大。20世纪80年代初，对于写作课教什么大家都还处于摸索中。杨建昌在谈到留学生汉语专业写作课教学时，虽关注教学对象的特点，但侧重对修辞手段、写作技巧的指导，还没有脱离母语写作教学的影响。祝秉耀开始明确地从第二语言写作教学的角度立论，强调应针对教学对象的特点，注重词汇、语法、句子和段落衔接等。李清华在关注教学对象特点的同时，注重语言表达训练，提出了有控制地写作与自由写作两大训练方式。

总的来说，汉语作为第二语言写作教学的研究寥寥可数。借鉴英语作为第二语言的写作教学研究，结合汉语实际情况，从第二语言写作教学的特点及其在第二语言教学中的位置来分析，我们认为，汉语作为第二语言的写作教学应该关注以下几个方面：

（一）提高语篇的写作能力

第一语言写作教学会涉及写作能力的各个方面，如收集材料、审题立意、拓展思路、构思布局、运用适当表现技巧（如铺垫、映衬等），以及比喻、夸张、排比等修辞手法地运用等；第二语言写作教学则不同，它的教学对象主要是已经掌握了第一语言写作技能的成人，教学的首要任务是提高学生的语言水平，具体来说，就是要让学生的书面表达水平与他们成人的思维水平及母语达到的书面表达能力协调，训练学生用目的语自如地表达思想。因此，第二语言写作教学的目标应是培养学生的语篇表达能力，也就是说要把语言运用能力定位在语篇层次，要对学生的语言运用能力进行全方位地训练；写作课的教学重点不能放在技巧方面，而只能放在基础方面，着重进行基本词汇、基础语法地训练，同时要注意解决句子如何有机地连接、段落如何紧密地衔接、语气如何贯通等与此密切相关的问题。这样的写作课，应该是一种字、词和语法综合运用的语言实践课。

（二）提高用目的语思维的能力

关于语言与思维的关系，"萨丕尔—沃尔夫假说"如是申述：语言影响思维和思维方式；不同语言认识世界的图像和方式不同。在二语习得及应用的过程中，外语与其所依附的外语思维在与母语及其所依附的母语思维的竞争中处于弱势地位是必然的，大脑中已形成的概念和处于强势的思维习惯与所要接受或表达的语言形式之间并非处于自动转换状态，其中总存在或多或少的矛盾。在这种情况下，只有把目的语的形式与自己的母语思维系统紧密地联系起来，才能较好地理解并掌握目的语。

写作既涉及语言能力，也与表达能力、思维水平等有着密切关系。前面已论及，第一语言写作水平是第二语言写作的基础之一，对第二语言写作有着积极的影响。在第二语言写作过程中，第一语言的表达能力、原有的知识与经验会融入新的语言载体中。但根据"萨丕尔—沃尔夫假说"，这种影响并非处于自动转换状态。二语写作教学的一个任务，就是要促进这种转换的发生，引导学生关注目的语的思维表达方式，以更好地促进语言运用得准确、得体。

（三）充实目的语文化知识

二语学习的目的主要是用于交际。写作跟"听、说、读"等技能比较起来，似乎交际的作用不是很强，但无论是写便条、启事、书信或是写文章、合同、讲话稿等，都属于不同范围、不同形式的交流，都需要对目的语的社会文化背景有所了解，否则会影响表达的有效性和得体性。有的学习者学习汉语多年，其词汇量和语法知识都掌握得比较充足，但却不会写规范的请假条，不知道写信如何使用称呼。在二语写作教学中，教师应引导学生了解文化背景，在思维表达习惯上与目的语文化相接轨，主要的内容有：一是了解一些汉语常用文体的写作格式和语言风格；二是对一些语言运用中所包含的文化因素要有所认识，注意一些语言形式的社会文化含义，避免出现不得体的情况；三是对一些常用题材要通过社会实践、语料阅读等方式加以熟悉。

二、第二语言写作教学的主要过程

（一）写前教学

写前教学主要包括：语言知识准备、范文导读、体裁分析、文章构思（如自由写、记日记、列大纲等）、写作策略学习等。语言运用是写作的核心问题，在写前教学环节，教师应该帮助学生获得完成语篇表达的材料和手段。学生需具备选择词汇、运用语法等基本的语言能力，也要能够把这些能力运用到语篇表达中，完成形式上从单句到语段表达的过渡，从语言知识到实际运用的过渡。教师还要进一步指导学生把握语用规律，在语篇表达中准确得体地运用。要实现这些目标，需要教师在课堂上引导学生建立起新旧知识与句子、语段、语篇表达的联系,并通过一定的操练来加强这种联系。例如:写议论文时需要运用比较、对比的句型,这时,教师就可以在课堂上引导学生先把学过的比较句的句型回忆出来,然后给出一些话题,让学生围绕话题写比较句。接着,教师在课堂上交流讲评,指出错误,补充学生表达中没有涉及的句型。随后,教师换个话题再让学生使用列出的比较句型写单句或语段。通过这样的反复训练,学生对比较句有比较全面的认知,再去写作文就有丰富可靠的材料了。

此外,根据第二语言习得理论,第二语言习得与使用需要足够的语言输入,需要学习者加以关注。在写作教学中,写作前的范文导读往往可以引起学生极大的关注,因此,输入的效果会好于其他课程。教师选择写前导读范文,应该遵循以下原则:一是范文要能较集中地包含训练重点。例如,为了让学生使用某些关联词语,那么就应该在范文中有运用实例,语言上具有可仿效性,使文章难度最好低于同水平的阅读课文章。阅读课是一种输入训练,而写作课的阅读是为输出做准备的。如果范文语言难度对于该阶段的学生来说太高,即使它的语言运用和表达形式都很完美,也起不到引导的作用。二是写作课的重点是学习运用,不应该把大量时间放在对文章的沟通理解上。三是文章来源,对于水平不高的学生来说,最好是教师改写或创作的文章。因为教师可以把握学生的学习进程,量体裁衣地制作,在语言运用中、表达内容方面起到更加直接的启发作用;同时,教师的同步作文也可以增加师生交流,使得学生愿意把教师当作可信任的读者。其次,学生的优秀习作也是范文的来源之一。学生习作由教师做些语言上的处理后作为范文,可以增强学生学习的兴趣和自信心。

(二)写作过程

写作的过程主要由学生来完成。写作教学中的写作可分为单稿写作和多稿写作,二语习得中的输出理论和频次理论对多稿写作具有重要的启示意义。

首先,拥有语言知识并不等同于使用语言知识。第二语言习得需要有足够的语言输出,在输出的过程中才能了解自己的偏误、改正自己的偏误。写作作为很重要的一种输出训练,应该在输出这一环节增加训练量。因此,从语言的输出角度来看写作过程,多稿写作是必然的。虽然语言知识的准备和写作技巧的讲授也很重要,但要提高学生使用语言知识的能力,还是要靠多写,光说不练或多说少练都无法实现写作课的教学目标。只有经过反复多练,写作者才能不断提高写作的流畅度。二语习得理论指出,二语习得过程分自动化过程和控制过程,自动化过程来自反复操练。在写作中,如果作者在提取相关语言形式时毫不费力,提取过程流畅自动,也就表明作者的语言输出已达到了自动化。

但通常来讲,只有当学生提取经常使用的语言形式时,才能达到自动化。如果学生头脑里积累了大量的常用语言形式,写作时的语言表达就能趋于流畅和自动,从而把更多的注意力放到组织结构和挖掘话题的意义上面。

从具体方法上讲,要做到让学生在一段时间内完成多稿写作,有兴趣了解其他同学对同话题的写作并不断修改自己的文稿,关键是任务本身要能激发和维持学生的写作热情。在整个写作教学过程中,写作往往被认为是一个完全独立的过程,应该由学生单独来完成。由于对写作的惧怕,很多学生也把写作当成一个很重的学习负担。要让学生对自己的写作进行多次修改,且要在同学之间产生互动,教师必须在布置多稿写作任务时,不断激发学生的兴趣。比如,在写了一篇介绍家乡的文章后,要求变换目标读者,把文章修改为一篇对同学出去游玩有帮助的文章,让学生在这一过程中培养明确的读者意识;也可以让学生想象,某个旅游杂志对他文章介绍的某个方面感兴趣,编辑希望这部分内容能得到扩展,希望他根据要求扩展后投稿给杂志社;也可以缩减文稿。但对于大多数的学生来说,目前写作上主要的问题还是写得不够多,缩减文稿只能在高级阶段视情况而定,所以一般情况下,教师还是要鼓励学生多写。

(三)写后评阅

1.习作批改原则

对习作中的语言问题是否要纠错、如何纠错,似乎一直是国内英语写作教学研究中存在争议的话题。在对外汉语写作教学中,由于大多数学生的层次还比较低,写作水平远没有达到主要关注作文的内容和结构的程度,因此,在对待语言偏误问题上,纠错是大家的共识。但如何纠错,有两种不同的观点:一是有错必纠;二是采取比较宽容的态度,只提出一些主要的错误,或当前学习阶段应特别重视的问题。有错必纠,立足于语言教学的规范性和准确性。有人认为,口语表达因为受表达条件的限制,中间打断容易影响表达,所以无法有错必纠。写作训练学生的语言输出更为理性,表达存在固定形式,对错误进行指正是必要的,而且教师也有时间和条件对习作进行细致的批改。此外,学生得到教师的反馈时,如果他们错误的表达没有得到否定的评价,就会认为是可以运用的方式。这样,错误就会被理性地固定下来,因此,教师必须进行严格地批改。当然,这种纠错可以分步骤进行,分指出错误和指正错误、写出正确的表达方式两个层次来进行,即所有的错误都指出,选择重点问题进行更正。对学生习作中的错误采取比较宽容的态度是从学习心理角度来考虑的。如果有错必纠,学生看到满眼红色的作文批改,容易失去写作信心;而有重点地指正错误,可以让学生集中注意力面对最紧迫的问题。

2. 文字批改

文字批改是对词汇、句法、标点、格式等各个细节方面的书面反馈。改作文是很多教师都很怕的事情，尤其是怕改文字，因为有些句子不容易改，即使有些改了学生下次还会错，作业量大，负担重；对于学生来说，他们似乎总是希望自己的作文得到教师详细的批改，而对于教师的批改，又往往是看一眼就束之高阁，不会认真地去反思修改。

一方面，习作中突出的问题类型与学生的语言水平有关。语言基本功扎实的学生，其习作中的语言错误主要表现在词汇层面，如选词问题、搭配问题、词序问题。这些问题常常并不影响意义的表达。对文字的修改重点在于提醒正确搭配，特别是用词的准确和恰当。如果教师有能力帮助修改，不妨直接修改，因为学生自己不一定能改对。另一方面，一些需要重点解决的问题应该是与教师布置的习作任务的要求有关的。比如，若强调某篇习作必须使用某一种引用格式，则格式问题必然是批改的重点之一。批改包括对正确的使用给予认可，对错误的使用予以纠正或画线指出。不论哪一种情况，有一点都是一致的：对学生语言运用中的优点，要充分认可、及时鼓励，而不是在作文之后用"用词准确、语言流畅"等给予泛泛的表扬。一些教师的技巧是，为了把学生的注意力吸引到富有表达力的词句上来，要求学生在自己的作文里标出首次使用的词语、精彩的句子等。教师在批改时重点评估，予以认可。

3. 课堂讲评

教师对习作进行讲评是传统的汉语母语写作教学的重要环节，而在对外汉语写作教学中，这种讲评的形式也运用得很充分。讲评与母语写作教学不同的是，侧重点在语言问题的分析上。有的学生认为写作课像偏误分析课，似乎总是在修改病句。分析、纠正学生表达中的偏误是写作教学的重要内容，但是讲评环节不能仅限于此。课堂讲评是对阶段教学单元学习任务完成情况的总结，关系到课堂作文指导能否发挥积极作用、学生的写作积极性能否持续、学生的写作水平能否不断提高。讲评内容是教师对学生学习情况的总结和指导。

4. 同伴互评

同伴互评在课内或课外都可进行，是写作教学常用的方法。让学生参与到纠正错误的过程中，是非常有效的教学手段。同伴反馈有利于学生从评价别人的作文中找到自己写作的问题。学生改自己的文章难，改同学的文章却往往能改得很好。同伴互评运用得当，将有利于提高学生的批判性思维能力，加强读者意识，让学生逐渐学会独立修改。

但同伴互评需要教师事先做好上岗培训工作。如果教师直接把习作分发给学生，要求他们互评，学生的确能发现一些问题，但多半改得不到位。培训就是要帮助学生树立目标感，让他们在互评的过程中有章法，思维清晰。

树立目标感有两种方法：一是教师提供反馈样板；二是教师提供互评框架。提供教师反馈样板是让学生有一个模拟的对象。教师以一篇学生习作为例，给予具体的书面反馈，可以事先做好批改，然后课上示范；也可以利用多媒体设备在课堂上当场评改，示范如何给予反馈。一般来讲，同伴互评需要对习作的内容、结构和文字等各方面给予反馈，因此，教师在这几个方面的反馈形式就成了学生的样板。比如，要求学生仿照教师，不仅在文中指出偏误，也能圈出精彩之处。对于提供互评框架，由于国外大学的写作网站上有很多互评框架，教师可以加以借鉴、修改后运用到对外汉语写作教学中。比如可以从词语搭配、语段衔接、内容完整等方面进行设计，让学生依据框架去进行评改。

对于同伴互评的内容，教师要及时评价。技巧是在书面反馈的过程中，对互评者的正确观点，教师要给予支持，形成一种有效激励。学生看到自己的评价得到了关注、得到了反馈，特别是有了教师的正面评价，互评就有了动力，学生们就能越做越好。

第七章　高校汉语国际教育发展

随着中国改革开放地进一步深化，中国的经济持续高速增长，中国的国际影响力不断提高，中国在世界上的朋友不断增多，越来越多的外国人来中国学习，来华留学生的教育事业还将有一个较长的高速发展期。外界教育环境的变化促使我们考虑更多新的问题，这使得我们不得不努力寻求新的解决办法。提纲挈领地看，目前的大问题主要是从国际化到国别化、从单一性到多样性、从静态观到动态观的问题。

第一节　高校汉语国际教育的发展趋势

一、从国际化到国别化

汉语与中国文化走向世界确实涉及很大的范围，但不是一个可以大而化之的问题，愈演愈烈的经济一体化反而使文化多样化愈加凸显出来，因而汉语国际教育就必须从国际化走向国别化。国际化原本就不是一个简单的概念，而国别化使得问题变得更加复杂，非"多元化"的理念与"多样性"的方法不能应对。

在汉语国际教育从国际化走向国别化的过程中，教材无疑是重中之重。刘珣在《对外汉语教育学引论》一书中指出："教材是教师教学和学生学习所依据的材料，与教学计划和教学大纲构成学校教学内容的有机组成部分。在教学活动的四大环节中，教材占有很重要的地位。它是总体设计的具体体现，反映了培养目标、教学要求、教学内容、教学原则；同时，教材又是课堂教学和测试的依据。"因此，在第二语言教学中，教材起着纽带的重要作用。教材体现了语言教学最根本的两个方面：教什么和怎么教。教材水平的高低不仅能反映出教学理论和教学法研究的深度，还在很大程度上决定着"教"与"学"的效果。更进一步，所谓国别化教材，就是针对教学对象所在国家的母语背景、文化特色、社会状况，以及教学对象的认知方式、表述需求、心理特征而编写的适用性教材。不同国家国情的差异必然会影响到汉语教学项目的选择和编排、课堂教学过程的设计、语言实践活动的组织等重要问题。我们就从教材的编写方面来看汉语国际教育从国际化到国别化的深入发展。

汉语教材本土化主要体现在内容和形式的本土化方面，应注意中外文化的差异和话语体系的不同，其内容应适合学习者的需求，其形式应符合学习者的习惯，这涉及教材的阐释语言、练习方法、编辑手段、媒体形式、装帧特色等诸多方面的本土化问题。说到本土化，其实还涉及更深层次的问题，不同母语的学习者在学习汉语时重点与难点有很大区别，绝不是简单地从一种语言翻译成另一种语言就可以了，应突出两种语言在"形""音""义""用"等诸多方面的相异之处。语言方面尚且如此，有关文化部分的考虑就更应该细致了，我们虽然编的是语言教材，但也应该有助于学习者了解中国文化和用汉语表述自己国家的文化。

二、从单一性到多样性

第一，汉语教学对象呈现出低龄化的趋势。

目前，汉语国际教育在教学对象方面呈现出低龄化的趋势，由大学而中学，由中学而小学，甚至在某些国家还出现了幼儿园层次的。笔者在韩国启明大学孔子学院工作时，为了适应韩国汉语学习者低龄化的趋势，国家汉办/孔子学院总部支持我们孔子学院编制了儿童汉语教材——《跟启启、明明一起学汉语》。该教材由启明大学中国学系主任尹彰没领衔编写，由笔者做的中文审定。该教材图文并茂，并配有CD和可供小朋友拆下来动手拼接的卡片，形式生动活泼，内容丰富多彩。

第二，汉语水平考试的多样化。

关于汉语方面的效果考试，最根本的问题不外乎两点：考什么和怎么考。"考什么"要求目的明确，"怎么考"要求方法得当。

如果我们要考查外国学生对汉语各要素掌握得怎么样，出题时就得在选"点"时多下功夫：考语音，既要注重潜在的系统性，所有的语音都应考到，包括轻声、儿化、变调等，又要突出难点，因学生的母语而异，如卷舌音、送气与否等问题。考词汇，首先要了解学生是否掌握了词语的基本内涵，包括词性与词义等，词性如一词多性，如花（一束花、花钱）；词义如一词多义，如机动车（与人力车相对的车或可灵活使用的车）。其次，对学生习得词语的要求应领会式掌握与复用式掌握相结合，前者即理解了就可以了，后者则指既能理解，也会使用。考语法，应考常用的、已成定论的、影响学生理解的语法点，且原则上如同语法教学一样，是宜粗不宜细的。例如"树木"，在"那里有很多树木"和"十年树木，百年树人"这两句话中的语法概念是不同的，前者是词，后者是词组，所以应该考查一下学生是否掌握了这种基本问题。考汉字，至少应包括辨识和书写，如要能辨识形近字、多音字，而正确地书写汉字是能够正确地记忆汉字的外在表现。

除此之外，具体命题时还应注意三点：其一目的性，要体现出课程特点，如综合课、听说读写译分技能、文化课等；其二针对性，要考虑到学生的特点，如年龄层次、母语背景、学习目的等；其三科学性，要符合考试的一般规律，如题型设计、正确答案分布等。对考试结果还应进行总结和分析，如成绩分布状况、偏误分析（包括错误率和错误原因），必要时还要进行试卷讲评，同时要重新审视一下试卷本身有无问题，以对以后的教学与考试提供参考。

三、从静态观到动态观

汉语国际教育永远处在动态之中，从初级汉语到高级汉语，从汉语专业到非汉语专业，从教学工作到管理工作，都是如此。过去我们研究对外汉语教学，静态研究居多，动态研究略显不足，这是我们应该努力改进的方向。

首先，我们应该关注世界各国语言学与语言教学乃至文化与国情的发展变化。古人云："泰山不让土壤，故能成其大；河海不择细流，故能就其深。"汉语国际教育是要在世界各国语言、教育、文化、国情的大背景下进行的教育，相关方面的发展与变化都对汉语国际教育的结果有着直接的影响，永远没有绝对的一定之规，这就需要我们不断地去寻求动态中的平衡。

从宏观方面来看，对语言的保护性研究与发展性研究都是很重要的。李宇明先生在《语言也是"硬实力"》一文中指出："语言是文化的资源。语言是文化最为重要的组成部分，同时也是文化最为重要的载体。就汉文化来说，它深深扎根在汉语汉字里。一个字、一个词往往就牵动民族之心。因为汉语汉字绝对不仅仅是符号，中国文化离开了汉语汉字，就无处扎根。那么进一步问，方言和少数民族语言文字，是不是我们的文化资源？肯定是。中国文化有很多是保存在方言和少数民族的语言文字里，特别是口语文化。从文化的载体形式可以把文化分为三类：第一类是实物文化，包括建筑、服饰、雕塑以及地下出土的文物，等等；第二类是文献文化，这是由浩如烟海的文献所保存的文化；第三类是依赖口语所保存的文化。我国历来重视文献文化和实物文化，比较忽视口语文化,而其实口语文化最古老、最丰富,也最不容易保存。随着方言的流逝,随着民族语言的流逝,这些文化就永远消逝了。国家语委正在建设的'中国语言资源有声数据库',就是要用现代语言技术保存现实的语言面貌和口语文化。"推而广之,我们对中外语言、文化、国情都要尽可能进行全面的、动态的研究。

从微观方面来看,汉语教学的常规也在不断被打破。传统的汉语教学都是从拼音学起,并因此有了"语音阶段"这一概念,而且被公认为是汉语学习的首要阶段。然而在德国黑森州·吉森大学任教的黄鹤飞教师却认为,教德国学生可以从汉字入手,因为德国学生反映,让他们在某一段时间里专门学习拼音是一件枯燥乏味的事情。不仅如此,由于德语是拼音文字,德国学生对汉语拼音十分敏感,对汉字却迟迟没有感觉,他们一开始花的许多时间和精力并未用在他们学习汉语的难点上。

总的来说,随着中国对外开放程度的日益加深,国民经济综合实力的日益增强,加上中国市场的巨大吸引力,全球的汉语教学培训市场也备受瞩目。随着中国的和平崛起,全世界学习汉语及了解中国文化与国情的需求还将快速增长,对外汉语教学具有巨大的市场潜力。在全球,"汉语热"不断升温,与中国的强势发展相呼应。我国也成立了汉语教学领导小组,统一协调全国的对外汉语教学工作,在广大教育工作者的共同努力下也逐渐演变成了汉语国际教育事业,拥有无限广阔的未来。

第二节 高校汉语国际教育的发展策略

一、准确定位汉语国际教育专业

汉语国际教育专业应积极拓展人才培养目标,重视汉语国际教育专业学生跨文化交际能力的培养,加强对市场人才需求和文化传播人才需求的了解,根据人才需求制定汉语国际教育人才培养方案。另外,高校汉语国际教育专业应制定人才培养的实现策略,加快汉语国际教育教学改革,促进人才培养模式创新。在专业建设方面,要依据教育部出台的相关要求,结合学校发展的实际情况及专业发展定位,参考《国际汉语教师标准》等职业资格标准,能依据"师范性""国际性""实践性"对人才培养方案进行及时修订;依据学生毕业后的服务面向,在应用型的基础上强调师范技能的培养、实践能力的提升。当代教育学家潘懋元认为，地方本科院校专业定位应为"立足地方的职业性、技术型本科或专业性应用型本科，教学型或教学为主的教学研究型院校"。汉语国家教育专业应重视汉语基础知识学习和汉语教育基础知识储备，压缩现有课程学分，增设相关课程；在通识教育部分除开设现有课程之外，增设如中国哲学史、教育概论、课程与教学论等课程；对不同年龄阶段的教学对象，强化汉语教学方法的能力培养，设置如对外汉语教学实践方法、多媒体技术与应用实验等课程。

二、重视锻炼应用技能，加强师资力量建设

延慧认为，"在对该专业学生的培养过程中必须重视实践教学，强调基础知识的扎实，深化基本技能的训练，使学生能主动适应各国汉语学习者日益多元化、个性化的学习需求，毕业时真正具备对外汉语教学实际的工作能力"。所以对汉语国际教育专业的学生务必要加强基本技能的训练，以便学生在走向工作岗位时能顺利地进行实际教学。在现有实践课程基础上，探索理论课程的改革，如将观摩专任教师留学生课堂教学、学习评价优秀青年教师示范课等形式，与对应的专业理论课相结合。将汉语国际教育理论知识与汉语国际教育实践相结合，提高汉语国际教育人才培养质量。师资队伍建设是汉语国际教育在文化传播视域下开展人才培养的关键。高校汉语国际教育专业应加强师资力量建设，不断提高汉语国际教育专业教师水平。为此，高校应积极改革汉语国际教育专业教师的薪资待遇，加大对汉语国际教育专业的资金投入，采取教师激励机制，激发汉语国际教育专业教师的教学积极性和科研积极性。同时，高校汉语国际教育专业应加强对现有专业教师的培训，增加教师的专业知识，提高教师的教学能力，从整体上提高汉语国际教育专业教师素质。另外，高校应加强汉语国际教育专业教师对先进教学方法的学习，改变传统的照本宣科的教学方式，积极地采用实践教学法、情境教学法、角色扮演法等，加强学生的跨文化交流，使学生掌握汉语国际教育技能与跨文化交际技能，提高汉语国际教育人才培养质量。

三、实践与理论的循环往复

汉语国际教育研究往往是从实践到理论，又从理论到实践的，而且这种实践与理论的循环往复是永无止境的。崔希亮先生在《对外汉语综合课课堂教学研究》一书的"总序"中指出："语言教学的成效如何，教师是关键。教学中有很多问题没有现成的答案，需要一线教师去研究、去解决；理论研究也需要

实践的检验……'不畏浮云遮望眼'，如何能够让学习者在最短的时间内学得又快又好，是我们这一专业永恒的主题。"汉语国际教育是一个综合性非常强的专业，要想做好研究并付诸实践，学科的交叉十分重要。这一点从一些已经非常成功的学科中可以看出，无论是中学还是西学，都要有科学的、实证的、能够抓住学科本质的方法，才能取得相应的成果。

先看看汉语研究的历史，周祖谟先生在《中国训诂学发展史》中，无论在史料方面，还是在史论方面，都有精到的总结。以史料为例有："训诂所以在春秋战国时代兴起，约有四种原因：一是语言有发展，古今语有不同和方言有不同；二是书面语用词与当时口语用词有不同；三是社会不断发展，名物繁多，一词多义的现象比较普遍；四是对用词表达思想的作用的理解和认识有了提高，逻辑思维日趋严密。因为有了以上几种原因，所以训诂在春秋战国时代就有了很好的开端。"以史论为例有："在理论方面，清代学者在训诂学方面最大的贡献是沟通语言与文字的关系，提出研究文字和字义必须理解声音，不理解声音就无以解决从文字形体上所不能解决的问题，甚至有时会陷于迷惘而不知所措。因为语言是用声音来表达意义的，文字只是记录语音的符号，所以必须了解文字的声音，从声音去探求意义。戴震说：'训诂音声相为表里。'（见《六书音均表序》）这是很重要的见解。后来，王念孙在《广雅疏证自序》里说：'窃以训诂之旨，本于声音。故有声同字异，声近义同，虽或类聚群分，实亦同条共贯。'段玉裁为王氏《广雅疏证》作序，也说：'圣人之制字，有义而后有音，有音而后有形；学者之考字，因形以得其音，因音以得其义。治经莫重于得义，得义莫切于得音。'这些话十分精辟，成为清代学者研究训诂的准绳，从而建立了许多推考字义的理论和方法，把零散的知识贯串起来，使训诂学在中国语言学科中成为有系统、有理论、有严谨方法的一门学问。"

我们再把视野扩展到自然科学中，也是如此。中国物理学家郝柏林教授在题为《生物是物、生物有理》的讲座中指出："有人说21世纪是生物学的世纪。作为一个物理工作者，我愿意说，21世纪是活物质和生命现象成为物理学研究对象的时代。说得稍微远一点，有许多学问要一直到物理作进去了，这门学问才彻底明白了。化学是一个例子。它其实比物理还古老，从炼金术、从古人炼丹的时候就开始了，但是把化学的基本原理弄清楚，什么叫化学反应，实际上是等到物理把原子和分子研究清楚了，化学才彻底明白了。生物是复杂得多的，物理学和生物在21世纪会发生非常之多的交叉和相互作用。即使我们不敢说是彻底，对于比较深入地了解生命现象，物理学肯定是可以起作用的。"同理可证，汉语国际教育也需要在很大程度上拓宽学术视野，其实践肯定是来

-171-

自教学第一线的实践，但理论却并不一定是高深莫测的理论，对实际工作有帮助的理论可能更加行之有效。

第三节　高校汉语国际教育实例——孔子学院文化活动策划

一、怎样介绍当代中国

做好孔子学院的文化活动，首先要知道应该怎样介绍当代中国，简要地说，内容上应该"厚今薄古"，让外国人知道现在的中国是什么样子的；形式上应该不拘一格，尽量考虑所在国的国情与文化；方法上应该直观而可感，尤其提倡能够让外国人亲身体验的文化活动；效果上应该既能促进汉语教学，同时又可以加深外国人对中国历史、文化、国情的了解。例如，相当多的外国人对中国的国宝感兴趣，器物如：司母戊大方鼎、莲鹤方壶、四羊方尊、曾侯乙编钟等，书法绘画如：《兰亭集序》《清明上河图》等，动植物如：大熊猫、金丝猴、牡丹、水杉等。那我们就可以介绍外国人喜欢的东西，通过这些东西阐释其背后的文化与国情，如莲鹤方壶的制造表现出东周时期张扬人性、崇尚浪漫情怀的特征，而对大熊猫的保护则体现了现代中国对生态环境的重视等。

二、向学生介绍哪些中国文化基础知识

中国文化博大精深，仅仅是属于基础知识的部分也灿若繁星，那么应该怎样进行选择呢？其实没有一定之规，但还是有一些问题需要考虑的。下面就以笔者在韩国启明大学孔子学院的工作实例进行说明。

第一，应该让外国人知道的。中国文化包罗万象，哪怕是采取"任凭弱水三千，我只取一瓢饮"的方式，也有一个选择的问题。一般说来，论过去，应该让外国人知道故宫；论现在，应该让外国人知道浦东。但只有这种基本概念是远远不够的，在更多的时候，我们需要选择具体而微的人物、事物或事件来让学生看到一个直观形象的中国，而不是许多抽象的理论或结论。例如，韩国人重家庭、重礼节，因而他们普遍对中国的婚礼很感兴趣。在启明大学中国学系与孔子学院联合举办的第23届"中国学之夜"中，韩国学生便演绎了中国传统婚礼，当时台上台下气氛十分热烈。

第二，外国人亲身体验过的。文化理解有时会比较困难，尤其是双方文化差异比较大的时候，但中国有句俗话叫作"百闻不如一见"，亲眼见过的，尤

其是亲身体验过的事情尤其难忘，所以我们在开展文化活动的时候应特别注重让学生参与。有人认为如果参加活动的人太多，很难让所有学生都参与进来。其实不然，学生多照样可以互动，就看我们怎样设计了。

第三，根据不同国别进行选择。文化理解应是双向的，每个国家都有自己的文化生活与文化特征，如果我们对其文化生活与文化特征进行了解，在举办文化活动时注重发掘有文化通感的内容并进行双向交流，那么取得的效果就会更好。

第四，充分考虑参与者的特点。现在国外想要学习汉语和了解中国文化的人越来越多，其年龄差异、专业背景、性格特征等差异很大，所以我们开展文化活动时应尽量兼顾。其实可以适应各种人群的文化活动还是很多的，国家汉办/孔子学院总部特别提倡并进行安排的"三巡"活动（巡演、巡讲、巡展）最有代表性。但这些活动操作起来还是要在细节上下一番功夫的，如巡演的视觉冲击力、巡讲的针对性、巡展的适应范围等都是我们必须考虑的。

三、怎样组织一次文化活动

（一）文化活动策划应有的理念

1. 寻找文化通感，展示文化差异

孔子学院在海外举办文化活动，必然是一种文化交流活动，这里就有一个"跨文化"的问题，而双方文化相通与相异之处都可以成为我们的切入点。我们既可以寻找文化通感以加深彼此之间的了解，也可以展示文化差异以引起对方的兴趣。例如，中韩两国都有中秋节，但具体的过法与其背后的文化内涵却不甚相同。在这一天，中国人要吃月饼、赏月亮，韩国人要吃松饼、祭祖先。又如，中国有端午节，荷兰有圣尼古拉斯节，这都是可以引起对方兴趣的地方。中国的端午节是农历五月初五，在这一天人们吃粽子、赛龙舟，纪念伟大的爱国主义诗人屈原。荷兰的圣尼古拉斯节是公历的12月6日，这一天实际上是孩子们最期待的。传说12月5日晚上临睡觉的时候，将一双空鞋子放在大门内或壁炉下，第二天醒来就可以得到心仪的礼物。圣尼古拉斯确有其人，是公元4世纪的一位主教。传说中这位主教总是给贫穷的孩子带来礼物，圣尼古拉斯节因此而产生。每当节日来临，大街小巷都有圣尼古拉斯的身影——穿着红色教袍骑在白马上，长长的白色胡须随风扬起，身边跟着一群衣着艳丽的黑人随从。现在真人演绎的圣尼古拉斯往往是走在大路上的，这样更容易跟孩子们亲近。总之，中外节日是我们开展文化活动、寻找文化通感、展示文化差异的非常好的一个契合点。

2. 四两拨千斤，调动一切可调动的力量

文化活动包罗万象，如果要实施起来，那么事无巨细地都需要一个团队来策划与实施，因而团队的构成与协作就是首要的问题。"不能简单地把项目管理理解为把工作任务分派给人们，然后幻想他们将会取得一个预期结果。事实上，许多本来可以很成功的项目往往因为这类想当然的方法而导致失败。配备有良好甚至杰出的项目经理的项目也有可能不很成功，因为项目成功必须要求所有相关人员的努力付出。项目团队——所有为项目工作的人员，必须具备相应的知识和技能，以便在项目环境中一起有效地工作。"有鉴于此，我们就有一个组建团队与率领这个团队工作的问题，这时必须有四两拨千斤的理念，尽可能多地争取所在大学与社区的支持。

3. 注重文化理解的双向性

要让世界了解中国，我们也应该了解所在国的文化，在理解的基础上互相尊重。

（二）文化活动方案的制订与实施

要开展好文化活动，首先要制订一个方案，然后还要保证这个方案能够顺利实施。文化活动方案主要应包括以下项目：

（1）活动主旨——文化通感与文化差异兼顾，向外国人介绍中国，应深入浅出，融中国历史与文化于具象之中，且注重参与者的亲身体验。

（2）具体流程——包括每一个环节，要有备用方案和检查机制。一方面，细节决定成败；另一方面，不是所有的细节都决定成败。

（3）经费预算——文化活动需要合适的场地和各种各样的物品，需要事先进行经费预算，原则是尽可能地花小钱办大事。

（4）人员安排——既要明确分工、各司其职；又要互相补充、协调一致。

（5）新闻报道——活动结束后应进行总结并在相关范围内进行报道，让更多的人了解我们的活动，进而了解中国。

文化活动是孔子学院最重要的工作内容之一。汉语教师并不只是能上好课就行了，还必须能够组织文化活动，因而要注意以下几点：孔子学院的文化活动异彩纷呈，鼓励别出心裁；孔子学院教师必须多才多艺，不要"艺到用时方恨少"；要特别注重文化活动的后续效果与成果，充分利用文化活动做好汉语教学。从汉语国际教育工作实践来看，在中国的外国留学生实习和在海外的孔子学院文化活动是两个重要的方面。因而，在此重点说明一下：来华留学生实习的组织与运作要明了留学生实习的目的和意义，将留学生实习的组织和运作程序规范化，同时应进行关于留学生实习相关理论的探讨；孔子学院文化活动策划首先要具备在海外进行文化活动策划应有的理念，同时了解组织文化活动的原则，进而还要懂得如何制订与实施文化活动方案。凡此种种，都是将语言学习与文化理解融会贯通之要旨。

参考文献

[1] 蔡馥隆，佟秋月．民办高校汉语国际教育专业建设的思考[J]．大众标准化，2020（14）：130-131, 133.

[2] 陈艳影．汉语国际教育案例分析论著：现状与需求[D]．南昌：江西师范大学，2019.

[3] 程婷立，方李香．文化生态学视域下赣鄱文化对外传播研究[J]．新闻研究导刊，2020, 11（14）：226-227.

[4] 崔希亮．对外汉语教学与汉语国际教育的发展与展望[J]．语言文字应用，2010（2）：2-11.

[5] 崔应贤．现代汉语语法学习与研究入门[M]．北京：清华大学出版社，2010: 53.

[6] 符淮青．词义的分析和描写[M]．北京：外语教学与研究出版社，2006: 64.

[7] 黄剑波，张真地．"文"的意义与"化"的过程：作为一种文化实践的语言与言语[J]．社会学评论，2020, 8（4）：48-61.

[8] 李镔，陈庆，康尧．我国国际教育交流人才培养探讨——评《汉语国际教育跨文化交流理论与实践》[J]．中国教育学刊，2020（7）：125.

[9] 李琛．汉语国际教育发展现状及教学策略思考——评《国际汉语教师经典案例详解》[J]．中国教育学刊，2020（7）：112.

[10] 李君．汉语国际化进程中存在的一些问题及对策[J]．长春工程学院学报（社会科学版），2009, 10（2）：64-67.

[11] 李世之．对外汉语教育的本质与功能[J]．语言教学与研究，2001（6）：23-27.

[12] 廖杨朕，季羡林．神州文化集成丛书[M]．北京：新华出版社，1991: 26.

[13] 刘丹．全球化背景下的汉语教育国际推广的意义[J]．对外经贸，2020（7）：154-156.

[14] 刘延东．创新 合作 包容 共享 携手并肩开创孔子学院发展新局面——在第十一届孔子学院大会开幕式上的主旨演讲[J]．孔子学院，2017（1）：12-21.

[15] 骆峰．汉语国际传播的性质、体系和模式[J]．汉语国际传播研究，2013（1）：1-10, 217.

[16] 马周洲．"一带一路"建设背景下汉语国际教育的发展趋势[J]．文化创新比较研究，2017, 1（11）：108, 110.

[17] 木欣．谈谈对外汉语词汇教学的几个原则[J]．八桂侨刊，2003（5）：24-26.

[18] 亓雯雯，李晓莹. 来华留学生对中国国家形象认知的动态研究 [J]. 国际公关，2020（7）：5-7.

[19] 秦静诗. 豫南民办高校汉语国际教育专业的发展现状及 SWOT 分析——以信阳学院为例 [J]. 福建茶叶，2020，42（2）：181-182.

[20] 商务国际辞书编辑部. 现代汉语词典 [M]. 北京：商务印书馆国际有限公司，2017：38.

[21] 苏培成. 语言文字应用探微 [M]. 北京：商务印书馆，2019：23.

[22] 太琼娥. 汉语国际推广六大转型论析 [J]. 云南师范大学学报（对外汉语教学与研究版），2009，7（6）：65-68.

[23] 王力，陈振寰. 王力文选 [M]. 桂林：广西师范大学出版社，2000：11.

[24] 王路江. 从对外汉语教学到国际汉语教学——全球化时代的汉语传播趋势 [J]. 世界汉语教学，2003（3）：9-12.

[25] 王丕承. 汉语国际教育师资培训中"以学习者为中心"观念的变革和落实 [J]. 高教学刊，2016（1）：26-27.

[26] 王晓爱. 互联网背景下汉语国际教育在跨文化交际中的应用 [J]. 汉字文化，2019（4）：32-33.

[27] 王禹然. 汉语国际教育学科发展现状及教学策略研究 [J]. 产业与科技论坛，2020，19（2）：260-261.

[28] 王子愿. 孔子学院在"一带一路"建设中的布局优化与功能提升 [J]. 中国文化海外传播研究，2019（1）：220-233.

[29] 吴应辉. 汉语国际传播研究：总第 11 辑 [M]. 北京：商务印书馆，2019.

[30] 许琳. 汉语国际推广的形势和任务 [J]. 世界汉语教学，2007（2）：106-110.

[31] 伊理. 汉语国际教育的内涵解析 [J]. 云南师范大学学报（对外汉语教学与研究版），2011，9（4）：53-56.

[32] 詹春燕，卢梦亚. 孔子学院汉语国际教育的困境与优化分析 [J]. 现代教育论丛，2019（6）：60-68.

[33] 张和生. 机遇与挑战——从对外汉语教学到汉语国际推广 [J]. 云南师范大学学报（对外汉语教学与研究版），2007（6）：12-13，15.

[34] 张辛，蔺永刚，孔晶. "一带一路"背景下汉语国际教育传播中国传统文化能力调研与对策分析 [J]. 科技视界，2020（20）：108-109.

[35] 周小兵. 对外汉语教学入门：第 3 版 [M]. 广州：中山大学出版社，2017：205.

[36] 周怡君. 吉林省孔子学院总部外派项目师资情况的现状及策略 [J]. 吉林省教育学院学报，2020，36（7）：69-72.

[37] 周有光. 中国语文的时代演进 [M]. 北京：人民文学出版社，2009：23.